나도 내 말을
잘 들어주는
사람이 좋다

나도 내 말을
잘 들어주는
사람이 좋다

대화, 듣는 것이 사람을 살린다!

크리스텔 프티콜랭 지음 | 강주헌 옮김

🌳나무생각

차례

6장
경청의 방해물을 무력화시키는 방법   135
— 경청의 방해 요인

요즘 들어 소통-communication이라는 단어만큼 많은 사람의 입에 오르내리는 단어가 있을까? 그러나 그 의미는 크게 변질되어 쓰이고 있다. 소통을 정치 혹은 홍보 활동과 같은 의미로 생각하는 사람이 의외로 많다. 이들에게 소통은 온라인과 오프라인을 가리지 않고 광고지를 열심히 발송하고, 텔레비전이나 라디오에 번질나게 출연하며, 웹사이트를 운영하며 뉴스레터를 정기적으로 발행할 정도로 인터넷을 능수능란하게 다루는 것을 의미한다. 이런 식으로 생각하면, 소통을 잘하기 위해서는 휴대전화, 컴퓨터와 노트북, 태블릿 PC가 필수품이다. 많은 사람에게 자신의 이름을 알리려면 이런 전자 기기들을 소유하는 것으로 그치지 않고 능숙하게 조작할 줄도 알아야 한다.

하지만 상대의 가치관이나 그가 중요하게 생각하는 것이 무엇인지도 모른 채 보낸 광고가 상대에게 어떤 영향을 미칠 수 있을까? 상대의 말을 경청하고 귀담아듣는 법을 모르는 사람에게 값비싼 휴대용 기기와 다양한 SNS 활동이 무슨 소용이 있을까? 지금 바로 옆에 있는 사람과 함께하는 여유도 없으면서 익명의 '세상 사람'들과 소통하는 것이 어떤 의미가 있을까? 이런 경우 휴대전화, 컴퓨터, 태블릿 PC는 소통의 장애를 가진 사람들을 위한 보철물, 그것도 부적절하고 잉여적인 보철물에 불과하다.

많은 사람이 제대로 듣지 못하는 까닭에 다른 사람들과 무언가를 공유하거나 공감하지 못하며, 바로 그 때문에 외롭다고 하소연한다. 다른 사람들과 소통할 수 있는 눈과 귀를 가지려면 어떻게 해야 할까?

우리 모두가 알고 있듯이 소통은 인간의 삶에서 반드시 필요한 것이다. 소통은 개인적인 삶과 대외적인 삶, 직장 생활 등의 사회적인 삶의 모든 부분에서 없어서는 안 되는 것이다. 소통은 정치나 홍보의 전유물이 아니다. 가정과 기업에서도 소통을 절실하게 필요로 한다.

소통에서 무엇보다 중요한 것은 인간적인 접촉이다. 어떤 관계가 악화되고 있다면, 폭발 양상을 보이기 전에 소통의 부재 현상이 먼저 나타난다. 이런 소통의 부재가 양쪽 모두에게 오해와 원망을 불러일으킨다. 특히 이윤만을 추구하는 기업의 경우, 매출과 수익에 직원들 간의 인간관계가 그들이 생각하는 것보다 더 많은 영향을 준다는 사실을 충분히 인지하지 못하고 있다.

나는 강연을 할 때 참가자들에게 때때로 이렇게 묻는다.

"어렸을 때 부모님이 여러분의 말을 귀담아들어주며 이해하려고 애쓴다고 느낀 적이 있습니까? 그런 분이 있다면 손을 들어보겠습니까?"

이 질문을 하면 언제나 극소수의 사람만이 머뭇거리면서 손을 든다. 서글픈 현실이 아닐 수 없다. 한 지붕 아래에서 함께 살면서 어떤 말이든 허심탄회하게 주고받았어야 할 가족에게 따뜻한 환대를 받았다고 느낀 사람이 너무나도 적은 것이다.

이 상황은 성인이 되어서도 계속된다. 우리 모두가 일상에서 누구에게도 제대로 이해받지 못한다는 욕구 불만에 시달리고 있기 때문이다. 그러나 주변 사람들에게 남의 말을 귀담아듣느냐고 물으면, 대부분이 그렇다고 단호히 대답하며 "나는 정말 상대의 말을 정성껏 들어줍니다. 하지만 남들은 그런 것 같지 않아요!"라고 말한다. 대체 이런 모순은 어디에서 오는 것일까?

어린 시절부터 우리는 소통하는 법을 조금씩 배웠다고 생각하겠지만 실제로는 '소통의 단절'을 배웠다. 위에서 언급한 모순된 답변은 바로 여기서 비롯된다. 소통의 단절에 대한 무의식적인 교육은 무척 어린 시절부터 시작된다. 예를 들어 설명해 보자. 어떤 아이가 "엄마, 난 고기를 먹고 싶지 않아요. 고기는 맛이 이상해요!"라고 말하면, 대부분의 어머니는 "말도 안 되는 소리! 고기가 얼마나 맛있는데. 얼른 먹어!"라고 대답한다. 또 어떤 아이가 달리다가 넘어졌다고 해보자. 누구에게나 이런 기억이 있겠지만, 손바닥을 다치면 무척 쓰리고 아프다. 따라서 아이는 눈물을 흘리며 "아파요!" 하고 훌쩍인다. 하지만 아버지는 아이의 작은 손이 살짝 까진 것에 불과하다는 것을 확인한 다음, "됐어! 별것 아니니 울지 마!"라고 아이를 나무란다. 이처럼 우리가 진심으로 힘겹게 건네는 말이나 고통을 아버지나 어머니가 건성으로 듣고 넘긴 경우가 얼마나 많은가. 심지어 우리에게는 너무도 중요하게 여겨졌던 황홀한 첫사랑에 대해 비웃고 빈정대며 도덕적 교훈을 늘어놓는 어른들도 있다. 우리는 자라면서 이런 경험을 반복하고 상처를 입기도 했다. 많은 사람이 이런 식의 면박을 받으며 어린 시절과 청소년기를 보냈다. 이제 와서 생각하면 그처럼 끔찍한 시기를 어떻게 견뎠는지 궁금할 지경이다.

문제는 그 시절을 견디는 동안 우리는 손윗사람들의 행동을 묵묵히 보았고 결국에는 모방하게 되었다는 점이다. 그리하여 우리도 '훌륭한' 소통법을 배운 대로 적용하며 손윗사람들을 대한다. 이제는 그들이 소통과 공유의 부재에 따른 고통을 말없이 견디지만, 안타깝게도 이런 관습은 그들이 우리에게 전해주고 가르쳐준 것이다. 우리는 손윗사람들의 행동을 기계적으로 답습하고 있으면서도, 거기에 감추어진 폭력성을 전혀 의식하지 못한다.

"아이쿠, 정말 춥다!"
"뭐가 추워요? 덥기만 하네. 20도나 되잖아요!"

"무섭구나!"
"쳇! 별것 아니에요!"

결론적으로 말하면, 누군가 말을 시작하면 곧바로 끼어들어 그의 말을 끊어버리거나, 더는 말을 이어가지 못하도록 면박을 주는 경향이 있다. 또 상대방의 말이 감정을 건드리거나 내 생각과 다르면 상대방의 말을 중간에 끊고 들어가는 반응이 훨씬 빨라진다.

특히 상대가 우리의 도덕적 약점을 건드리는 말을 건넬 때 이처럼 상대의 말을 듣지 않으려는 경향이 뚜렷이 나타난다. 개인적인 평온을 위해서라도 상대가 우리 기분을 상하게 하는 말을 계속하지 못하도록 막아야 한다. 상대에게 모욕감을 주어도 상관없다. 상대의 입을 다물게 할 수 있다면 어떤 수단이라도 동원해야 한다. 예컨대 "말도 안 되는 소리! 어떻게 그런 생각을!"이라며 상대를 깎아내리거나, "너한테 닥친 문제는 그렇게 대단한 게 아니야. 훨씬 힘들고 까다로운 문제가 많아!"라고 상대가 힘겨워하는 문제를 과소평가한다. 혹은 "넌 ……하기만 하면 돼! ……하기만

하면 된다니까!"라고 상대에게 지겹도록 충고를 늘어놓기도 한다. 요컨대 우리는 상대가 우리 말을 주의해서 들어주기를 바라지만, 정작 우리가 보이는 반응은 우리가 정말 듣고 싶지 않은 말들만 줄줄이 늘어놓는 것이다.

누구나 말을 하는 사람이 되고 싶어 하며, 상대가 자신의 말을 들어주기를 바란다. 다시 말하면, 원래의 의미와 달리 많은 사람에게 '소통'은 그냥 '말하다'라는 행위를 의미한다. 따라서 우리가 생각하는 의사소통에는 침묵이 포함되지 않는다. 거의 모든 경우에 우리는 지나치게 많은 것을 말하고, 지나치게 성급하게 말하며, 상대로부터 충분한 정보를 받아들이지 않는다. 따라서 상대는 우리의 어림짐작과 논쟁을 벌이는 셈이다. "아닙니다, 나는 그렇게 말하지 않았습니다! 당신이 잘못 이해한 겁니다! 제발 내 말을 끝까지 들어보세요!"라고 상대가 반박하지만, 우리는 고집을

꺾지 않고 "천만에! 나는 당신 말을 정확히 이해했습니다. 오히려 당신이 내 말을 제대로 듣지 않고 있는 겁니다!"라고 대꾸한다. 점점 목소리가 높아지고 실망과 욕구 불만은 깊어진다. 결국 속내를 털어놓고 싶었던 사람이 포기함으로써 대화가 끝나지만, 이런 식의 대화는 생각의 교환이나 공유를 위한 소통이라고 지칭할 수 없다.

소통은 일방적으로 말하는 것도 아니고 자신의 생각을 상대에게 이해시키는 것도 아니다. 소통은 오히려 상대의 말을 귀담아듣는 것이다. 경청하는 자세는 상대로 하여금 충분히 환대받고 배려받는다는 느낌을 주기 때문에, 또 우리가 상대의 말을 경청하며 주의해서 들을 때 적절하게 대답하면서 최고의 효과를 기대할 수 있기 때문에, 이상적인 대화에서는 경청이 전체 대화의 80퍼센트를 차지한다고 말해도 과언이 아니다.

경청하고 관찰하는 능력, 집중하고 기억하는 능력은 배

워서 얼마든지 향상시킬 수 있다. 경청의 방해 요인들을 알아내서 예방하는 능력, 더 나아가 상대에게 충분히 공감을 얻고 있다는 느낌을 주는 능력도 배워서 익힐 수 있다. 이런 능력을 키우는 데 필요한 요령을 알려주는 게 바로 이 책의 목적이다. 따라서 이 책에서 제시하는 요령을 하나씩 당신의 것으로 만들어 소통에 필요한 능력을 키워가기 바란다.

1장

우리는 모두
듣기 장애에 걸려 있다

― 경청 학습의 네 단계

당신은 경청하는 법을 배우기로 마음먹었다. 먼저 이렇게 결심한 당신에게 박수를 보내고 싶다. 이 책을 읽어가는 과정에서 당신은 집중해서 듣고 기억하는 능력, 더 나아가 인간의 기능을 이해하는 능력을 키워가게 될 것이다. 이런 능력들을 새롭게 얻으면 많은 상황에서 인간관계가 눈에 띄게 나아질 것이다. 갈등의 요인을 해소하고, 상대를 신뢰하는 긴밀한 관계를 형성하는 것이다. 또한 수고스럽더라도 상대에게 진정으로 관심을 가짐으로써 당신 주변의 사람들이 괜찮고 흥미로운 존재라는 사실을 깨닫게 될 것이다.

　그러나 이런 능력을 학습하는 과정에서 누구나 한계에 부딪치기 마련이다. 특히 초기 단계에서 한계에 부딪치는 경우가 많다. 놀라운 사실은 어린아이보다 성인이 자신의 무능함, 즉 한계를 쉽게 인정하지 않는다는 점이다. 어린아이는 어리기 때문에 자신의 한계를 당연하게 생각한다. 그런데 어른들은 자신의 무지함을 깨닫는 순간 자신에 대해 필요 이상의 엄격한 기준으로 가치 판단을 성급하게 내리며 자신을 평가해 버린다.

인간이 특별히 배우지 않더라도 본능적으로 알게 되는 분야가 있다. 소통이 그런 분야 중 하나다. 다시 말하면, 우리는 어떻게 소통해야 하는지를 본능적으로 깨닫기 때문에 특별히 배우지 않아도 얼마든지 소통할 수 있다. 그럼에도 순진할 정도로 어리숙하고 무례하게 행동하는 사람을 우리는 '인간관계의 문맹d'analphabétisme relationnel'이라 칭한다. 실제로 내 강습회에 참가해서 자신에게 소통 능력이 부족하다는 걸 깨닫고 깜짝 놀라는 사람이 많다. 따라서 '무지함'과 '배우지 않은 결과'를 혼동하지 않기 위해서라도 학습 메커니즘부터 아는 게 좋다.

모른다는 것조차
모르는 단계

많이 듣고 조금 말하라 _ 베토벤

학습은 '나는 내가 무엇을 모르는지도 모른다'라는 단계에서 시작된다. 이 단계는 '모른다는 것조차 모르는 단계'라고도 일컬어지며, 이 단계에서 사람들은 "나는 이런 무지함에 별로 마음을 쓰지 않는다."라고 말하곤 한다.

예를 들어 나는 골프를 칠 줄 모른다. 그렇다고 밤잠을 설치며 고민하지는 않는다. 더군다나 골프를 칠 줄 모른다는 사실 때문에 낮 시간을 우울하게 보내지도 않는다. 요컨대 나는 이런 잠재적 무능력을 안타깝게 생각하지 않고 편안하게 받아들이며 살아간다. 내가 모른다는 것도 모르는 것을 어떻게 배우려고 안달할 수 있겠는가?

하지만 친구들이 내게 다음 주 일요일에 골프장에 가는데 같이 가지 않겠느냐고 묻는다면 그때서야 나는 골프에 대해 아는 것이 없다는 사실을 불현듯 깨닫게 될 것이다. 그때서야 골프에 대한 무지함을 의식하게 되며, 학습의 두 번째 단계에 접어든다.

모른다는 것을
의식하는 단계

'나는 내가 모른다는 것을 알고 있다'라고 무지함을 의식하는 순간, 나는 학습을 시작하게 된다. 지금 내가 모르는 것이 배워두면 삶을 살아가는 데 유익할 것이라 여겨지면 더더욱 학습을 서두르게 된다.

하지만 자신에게 너그러워야 뭔가에 대한 무지함을 깨닫더라도 그것을 배우려는 욕구와 맞물리면서 새로운 무언가를 배우려고 애쓰게 된다. 예컨대 어린아이는 모르는 것을 당연하게 생각한다. 어린아이는 어리기 때문에 모든 것을 배워야 하고, 이 땅에서 살아가기 위해 모든 것을 배워야 한다. 반면에 성인은 자신의 무지함을 인정하는 게 거북할수밖에 없다. 어느 누구라도 모든 것을 알 수 없는 게 자명한 진리인데도 많은 성인이 자신의 무지함을 부끄럽게 생

Viktor Oliva, ⟨The Absinthe Drinker⟩, 1901, oil on canvas, Cafe Slovia(Prague)

각하며, "나는 그것을 모른다. 따라서 나는 무능하고 형편 없는 사람이다."라고 단정하며 자신을 폄하한다.

이런 이유에서 나는 '소통'을 주제로 한 연수를 실시할 때 가장 먼저 참가자들에게 연수를 받는 동안 '자신에 대한 판단 금지'라는 원칙을 머릿속에 새기라고 요구한다. 또한 연수가 진행되는 동안에도 시시때때로 이 원칙의 중요성을 상기시켜 준다. 그렇지 않으면 자기비판이라는 심각한 늪에 빠져드는 사람이 적지 않기 때문이다.

따라서 이 책을 읽는 독자에게도 '자신에 대한 판단 금지'라는 원칙을 머릿속에 새기라고 요구하고 싶다. 실제로 이 책을 읽는 동안, 당신은 자신의 무지함과 무능함을 몇 번이고 확인하게 될 것이다. 얄궂게 들리겠지만, 그런 확인은 많을수록 좋다. 그런 확인이 있어야 소통을 위한 진정한 학습이 시작될 것이기 때문이다. 당신이 상대의 말을 제대로 듣지 않는다는 것을 자각하게 되는 것은 정말 바람직한 징조다. 그런 자각 자체가 이미 상당한 정도로 발전했다는 증거일 수 있다. 이런 이유에서 소통에 대한 학습이 끝날 때까지 당신 자신에게 너그럽고 관대해야 한다. 그렇지 않으면 다음 단계가 실망스럽게 여겨질 수 있다.

안다는 것을
의식하는 단계

세이공청洗耳恭聽 : 귀를 씻고 공손하게 듣다 _ 황보밀

이 단계에서 당신은 뭔가에 대한 당신의 무지함을 깨닫고 그것을 배우기로 결정했다. 그런 결정을 하는 순간부터 학습은 시작된 것이다. 이제부터 학습을 위해서는 작업 기억mémoire de travail(정보들을 단기간 저장하고 각종 인지적 활동을 하는 작업장으로서의 기능을 수행하는 기억―옮긴이 주)을 동원해야 한다. 이 단계에서 당신은 현재 행하는 것에 모든 주의를 집중해야 하기 때문에 '당신은 뭔가에 대해 안다는 것을 알고 있다'.

안다는 것을 의식하는 이 단계를 지나는 사람들은 자신이 가진 고유한 본성을 상실한다. 새로운 능력을 받아들이기 위해서는 본성을 버릴 수밖에 없다. 물론 많은 사람들이 본성을 상실하는 것을 두려워한다. 그런 사람들에게는 학

습을 운전과 비교해 보라고 권하고 싶다.

자동차 운전은 본능적으로 타고난 능력이 아니다. 운전 교습을 처음 받던 때를 기억해 보라. 얼마나 복잡하고 까다로웠던가! 핸들, 브레이크, 클러치, 액셀러레이터, 변속 레버, 방향 지시등, 사이드 미러…… 게다가 사방에서 자동차들이 당신을 향해 달려드는 것 같지 않았는가! 다른 운전자가 웃으며 수신호를 보내와도 당황스럽기만 할 뿐이다. 첫 교습을 끝냈을 때 당신은 파김치가 된 상태로 운전 교습용 자동차에서 기어나왔을 것이다.

이와 마찬가지로 누군가의 말을 경청하는 것도 처음에는 어렵고 힘들며 피곤하다. 하지만 습관이 되면 조금씩 인내심이 생기고, 자연스레 상대의 말에 집중할 수 있게 된다. 한동안 시행착오를 반복하고 그런 변덕스런 모든 과정들을 의식하게 되는 것이다. 이른바 시행착오를 통해 학습하는 전형적인 모습이다.

착오는 학습을 위한 기회가 되지만, 착오를 범할 때마다 스스로의 마음은 불편하고 실망스럽기도 하다. "아이쿠, 제대로 했어야 하는데, 또 똑같은 실수를 범했어!"라고 자책하기도 한다. 아직은 새로운 반사적 행동이 과거의 반사적 행동을 압도하지 못했기 때문이다.

Thomas Pollock Anshutz, ⟨A Rose⟩, 1907, oil on canvas, 147.3×111.4cm, Metropolitan Museum of Art

용기를 내라! 반복되는 착오는 그저 과도기적 현상에 불과하다. 포기하지 말고 끈기 있게 계속해서 노력하라. 인내와 끈기만이 마지막 단계까지 당신을 이끌어줄 확실한 무기다.

안다는 것을
의식하지 않는 단계

당신은 조금씩 새로운 능력을 습관화해서 의식하지 않고도 자연스레 시행하는 단계에 이르게 된다. 이 단계에 이르면 모든 것이 쉽고 당연하게 여겨진다. '여러모로 깊이 생각하지 않고도 뭔가를 자연스레 행하는 단계'가 된 것이다. 운전을 몇 년 한 후에는 라디오를 듣거나 조수석의 친구와 잡담을 나누면서도 능숙하게 운전하지 않는가. 백미러를 힐끗 보고 방향 지시등을 켜면서 변속 레버를 조정하는 일은 거의 동시에 기계적으로 이루어진다.

완벽을 추구하는 사람들은 '모른다는 것조차 모르는 단계'에서 '안다는 것을 의식하지 않는 단계'에 이르기 위해서는 중간 단계들을 거쳐야 한다는 사실을 쉽게 인정하지 못한다. 인내심이 부족한 까닭에 짜증을 부리고 화를 내고 낙담하며, 미숙하게 실수를 범하는 단계를 용납하지 않는다. 그들은 배우지 않고도 알기를 바라며, 처음 시도할 때부터 성공하기를 기대한다. 예컨대 롤러스케이트를 신자마자 회전하면서 도약할 수 있기를 바라는 것이나 다를 바가 없다. 극단적으로 말하면, 이런 생각은 "어쨌든 저 물속에 들어가기만 하면 곧바로 수영할 수 있게 될 거야!"라고 말하는 것과 마찬가지다.

이 책을 통해 진정으로 경청하는 법을 터득하고 싶다면, 어색하고 부자연스럽게 느껴지더라도, 또 무지가 백일하에 드러나게 되더라도 새로운 인간관계를 맺기 위한 실험적인 행동을 과감히 시도해야 한다. 아울러 지금은 더 나은 사람으로 거듭나기 위해 학습하는 단계이므로 자신에 대한 가치판단을 내리지 않아야 한다는 사실도 명심하기를 바란다.

2장

경청은 잠자는
왕자를 깨운다

— 경청의 기본적인 원칙

훌륭한 의사소통을 하기 위해서는 이제부터 하나씩 소개하는 기본적인 원칙들을 먼저 정확히 이해해야 한다. 달리 말하면, 경청하는 능력을 바람직한 수준까지 끌어올리기 위해서는 이 기본적인 원칙들을 이해하고 완전히 자신의 것으로 소화시켜야 한다. 다시 말해 인간관계의 수준을 결정짓는 잠재된 메커니즘이 존재한다는 뜻이다. 하지만 인문 과학이라는 영역에 '불변의 진리'는 없다. 어떤 원칙이 요즘 대세이고 유효하더라도 그 원칙을 받아들일 것인지 거부할 것인지는 각자의 몫이다. 따라서 이 책에서 제시하는 원칙들의 타당성 여부도 각자가 일상의 관계에서 직접 확인해 보기 바란다.

우리는 모두
자기중심적이다

자신을 높이 올리고 싶다면 남을 높이 올려주어라 _ 부커 워싱턴

나는 나에게 세상에서 가장 중요한 존재다. 누구도 부인
할 수 없는 사실이다. 물론 나 자신이 때로는 이런 사실을
부인하고 때로는 인정하지만, 어떤 경우라 할지라도 실제
로 바뀌는 것은 없다. 모든 일상적인 행동에서 자기중심적
인 나를 재확인할 뿐이다.

예컨대 별점으로 운세를 알아본다고 해보자. 당신이라면
어떤 별자리부터 읽기 시작하겠는가? 또 지난 휴가에서 찍

은 사진들을 우연히 발견했을 때 그 사진들에서 가장 먼저 누구를 찾겠는가? 당신도 당신이 속한 별자리부터 가장 먼저 읽지 않는가? 여럿이 찍힌 사진에서도 당신의 모습부터 가장 먼저 찾으려고 하지 않는가? 거울에 비친 당신의 모습을 열심히 뜯어본 적은 없는가? 이런 행동들을 부끄럽게 생각할 것은 없다. 지극히 정상적인 행동이다. 인간은 천성적으로 자기중심적인 존재이기 때문이다.

너그럽고 사심이 없는 사람도 이 원칙에서 크게 벗어나지 않는다. 이타주의는 무엇보다 자신에 대한 좋은 이미지를 남들에게 전해주려는 특성을 가지고 있다. 결국 개인의 심리적 욕구가 세상을 구원하려는 욕망보다 앞서는 것이다.

예컨대 소방관이 위험에 빠진 생명을 구하는 임무를 효과적으로 해내려면, 무엇보다 잠을 잘 자고 잘 먹고 건강하고, 또 생리적 현상을 편하게 해결해야 할 것이다. 달리 말하면, 다른 생명을 구하러 나서기 전에 자신의 문제를 먼저 해결해야 한다는 뜻이다. 자신의 목소리와 욕구에 무관심하다면, 즉 자신의 목소리를 귀담아듣지 않고 소홀하게 넘긴다면 결국에는 낙담하고 지쳐서 화가 치밀고 효과적으로 대응하지 못하게 된다. 극단적인 경우에는 자신의 건강까지 등한시하며 해치게 된다.

자신을 돌보지 않는 사람은 주변 사람들에게도 불평과 원망 등 부정적인 기운을 안겨주기 십상이다. 이런 모습은 주변 사람들에게도 썩 달갑지 않다. 따라서 자신의 욕구를 충족한 까닭에 편안하고 여유로우며 자상한 '자아'의 존재를 주변 사람들에게 보여주는 게 훨씬 현명하다. 오히려 이런 안정된 모습이야말로 '이웃 사랑'이라는 이타주의의 본뜻일지 모른다.

하지만 우리가 물려받은 이타주의는 이런 모습이 아니다. 따라서 피곤하고 사랑과 관심에 굶주린 우리 자아는 인간관계를 간섭하는 거추장스럽고 성가신 존재가 되고, 의사소통에 귀찮게 끼어들며 방해하는 존재가 된다.

"맞아, 하지만 나는……. 아니, 그렇지 않아. 하지만 내 생각에는……. 내 생각도 그래, 난……. 바로 그거야! 나도 말이야……."

이처럼 '나'는 잊혀지고 인정받지 못할 때 자신을 배려해 달라고 끊임없이 '나', '나', '나'라고 소리친다.

이런 이유에서 나는 이타주의에 대한 일반적인 인식을 다시 생각해 보고, 자기중심주의égoïsme로 새롭게 정의하고자 한다. 더 나아가서 '자기중심주의자는 자신을 생각하지 않는 사람'이라고 해석할 수 있는지에 대해서도 깊이 생각해 보고 싶다.

인간은 천성적으로 자기중심적이다. 이런 사실을 소통의 제1원칙으로 삼을 때, 우리는 상대에 대한 관심과 배려를 인간관계에서 빼놓을 수 없는 중요한 요소로 받아들일 수밖에 없게 된다. 또한 이 원칙을 인정할 때 우리는 자신을 중요하게 생각하며 보살피고, 자아의 욕구를 귀담아듣고 존중하게 된다. 자아가 보살핌과 배려를 받으면 일상적인 의사소통에서도 평온하고 온유하며 사려 깊은 모습으로 나타난다.

이 책을 읽어가면서, 우리는 경청의 방해 요소 대부분이 중요한 존재로 인정받고 싶은 자아의 욕구에서 비롯된다는 사실을 확인하게 될 것이다.

우리의 세계관은
주관적일 수밖에 없다

인간은 현실 세계를 객관적으로 인식할 수 없다. 인간은 오감의 한계를 넘어서지도 못하고, 다른 생물종은 인식할 수 있는 물질들, 예컨대 페로몬이나 초음파 등도 인식할 수 없다. 오로지 개인적인 경험과 그 경험을 통해 배운 것, 개개인의 가치관과 우선순위를 바탕으로 세상을 재구성한다. 어렸을 때 이웃집 개에게 심하게 물린 사람과, 그 네발짐승과 뒹굴며 즐겁게 놀았던 기억밖에 없는 사람이 개에 대해 똑같이 인식할 수는 없을 것이다.

예를 들어 다음과 같은 실험을 상상해 보자. 한 무리의 사람들에게 똑같은 아파트를 방문하게 한 다음에 그곳의 모습을 묘사하고 각자의 생각을 솔직히 말해보라고 하자. 소음과 조명, 정돈 상태, 주변 분위기와 상가의 인접성 등

Laurits Andersen Ring, 〈The Lineman〉, 1884, oil on canvas, 57×45.5cm, National Museum(Stockholm)

각자가 관심을 갖고 눈여겨본 점이 다를 것이다. 한마디로 모두가 자신의 관점에서 그 아파트를 관찰하고 느낄 것이고, 그 결과 아파트에 대한 평가도 제각각이다. 어떤 사람은 전혀 눈여겨보지 않았던 것을 가장 중요하게 받아들인 사람도 있을 것이다. 아파트 자체는 중립적이지만, 그 아파트를 평가하는 실험에 참가한 사람이 받은 인식은 지극히 개인적이고 주관적일 수밖에 없다. 이처럼 우리 각자가 세상을 인식하는 방법은 독자적이고 주관적이다. 다시 말하면, 우리 각자는 세상에서 유일무이한 존재다.

당신은 세상에서 유일무이한 존재다! 정말 반가운 말이지 않은가? 이 책을 정말 잘 선택했다는 생각이 들지 않는가? 이 땅에 당신과 똑같은 사람은 한 명도 존재하지 않는다. 달리 말하면, 당신은 하나의 예술 작품, 세상에 단 하나밖에 존재하지 않기 때문에 한없이 소중한 예술 작품이라는 뜻이다. 물론 당신의 대화 상대도 마찬가지다.

이제 세상에 단 한 명밖에 없는 사람을 알게 되는 기회를 얻기 위해서 매번 상대에게 다가가서 얘기를 나눈다고 생각해 보라! 서로의 대화가 어떻게 달라질까 상상해 보라! 열등감도 사라지고 우월감도 사라질 것이다. 감정적 콤플렉스는 타인의 강점과 우리 자신의 약점을 부당하게 비교하는 데서 비롯된다. 그러나 예술 작품은 세상에 하나밖에 존재하지 않아 서로 비교되지 않는다. 마티스의 작품과 피카소의 작품을 어떻게 비교할 수 있겠는가?

더는 남들을 기준으로 자신을 평가하지 말고, 당신만의 고유한 장점을 찾아내려고 애쓰라. 이렇게 할 때 당신을 에워싼 주변 사람들에게 시기심을 품지 않고 공정한 마음으로 다가설 수 있을 것이다. 모두가 자기중심적이며 세상에서 유일무이한 존재라는 것을 인정하게 된다면, 각자가 자기만의 작은 세계에서 생텍쥐페리의 '어린 왕자'처럼 살아가는 것을 보더라도 크게 놀라지는 않을 것이다. 한 사람 한 사람이 다르기 때문에 더더욱 소중한 존재라는 사실을 알게 된다면, 그들의 고유한 세계를 하나씩 살펴보는 것도 오히려 재밌지 않겠는가?

결론적으로, 당신이 진실로 받아들이는 것에 의문을 품고, 다른 사람들의 의견을 이해하려고 애쓰는 자세는 무척 건설적이고 바람직하다. 내가 주최한 강습회에서 일어난 사건을 예로 들어 설명해 보자.

참석자들이 조금 늦어서 기다리고 있는데 한 참석자가 유난히 짜증스런 표정으로 당장 강연을 시작하자고 졸라댔

Ramon Casas i Carbó, 〈Au Moulin de la Galette〉, 1892, oil on canvas, 117×90cm, Museum of Montserrat

다. 그의 짜증스런 표정과 역정에 강연장의 분위기는 무겁게 가라앉았다. 여하튼 아침 강연이 시작되었고, 나는 우리 각자에게는 나름대로 삶의 방식이 있기에 보편적인 진리는 없다고 역설했다. 그러자 조금 전에 짜증을 낸 참석자가 화를 버럭 내며 끼어들었다.

"그럼, 지금 내 시계가 10시를 가리키고 있다고 말하는 것도 일종의 믿음에 불과한 것이 되겠군요!"

나는 그와 크게 충돌하지 않고 대답할 방법을 머릿속으로 궁리하며 무의식적으로 내 손목시계에 눈길을 던졌다. 내 시계는 9시 45분을 가리켰다. 그래서 나는 참석자들에게 "지금 몇 시입니까?"라고 물었다. 모두가 한목소리로 "9시 45분입니다."라고 대답했다. 나는 "그렇습니다. 당신이 지금 10시라고 말한다면 그것은 하나의 믿음에 불과합니다. 그것도 잘못된 믿음입니다."라고 점잖게 대답했다.

결국 그가 아침에 그처럼 짜증을 부리며 신경질을 냈던 이유는 자신의 시계가 정확하다는 잘못된 확신으로 '강연이 예정보다 늦게 시작한다'라고 생각했기 때문이다.

대부분의 행동은
최선의 선택이다

사람들에게 있어서 대부분의 행동은 최선의 선택이었다는 이 원칙을 인정하고 받아들이면 행동과 의도를 구분함으로써 타인의 행동을 바라보는 관점이 달라질 수 있다. 우리는 일상에서 부딪치는 온갖 상황에 대처할 때, 자신에게 허용된 선택 가능성을 모두 고려해서 최선의 방향으로 행동한다. 선택 가능성이 많을수록 상황에 적합하게 행동할 확률이 높아진다. 부적절한 행동은 흔히 다른 선택 가능성을 몰랐을 경우에서 비롯된다.

예컨대 모든 것이 매질과 꾸지람으로 해결되는 가정에서 자라는 아이는 대화도 타협도 배우지 못한다. 하물며 '타인에 대한 존중'이라는 개념을 배울 가능성도 없다. 따라서 이런 가정에서 자란 아이들은 성인이 된 후에도 갈등이 충돌하는 상황에 맞닥뜨리면, 그들에게 본보기로 주어졌던 행동을 그대로 되풀이하며 고함을 지르고 폭력을 휘두를 가능성이 몹시 높다.

따라서 다른 사람의 어떠한 행동을 올바로 이해하려면, 그 행동이 학습된 배경이나 상황을 알아야만 한다. 어떤 행동이 행해지는 순간은, 그 행동이 처음 학습된 상황과 밀접한 관계가 있기 때문이다.

이런 사실은 "형제의 신발을 신고 석 달을 걸어보기 전에는 형제에 대해 어떤 험담도 하지 마라."는 인도의 속담으로 완벽하게 요약된다.

그러나 행동만으로 사람을 판단해서는 안 된다는 이유로 용납할 수 없는 행동까지 묵인하라는 뜻은 아니다. 이해한다는 것과 인정하고 용납한다는 것은 엄연히 다르다. 잘못된 행동을 범한 사람이 있다고 했을 때, 그 잘못된 행동을 기준으로 그 사람 전체를 판단하지 않으면서도 잘못된 그 행동에 대해서는 얼마든지 나무랄 수 있다.

이렇게 행동과 의도를 구분하면, 당신 자신에 대한 비판에서 한층 너그러워질 수 있을 것이다. 당신의 행동을 기준으로 당신 자신을 심판하지 마라. 과거의 환경에 적응하며 축적된 경험과 가능성을 고려해서 최선의 방향으로 선택한 행동이었기 때문이다.

하지만 곤경에서 벗어나기 위해 새로운 선택 가능성을 확보하고 마련하는 것도 당신의 책임이다. 자기 계발의 목적은 선택 가능성을 확대하는 데 있다. 다양한 형태로 행동의 가능성을 확대할 때 상황에 맞추어 적합하게 행동할 가능성도 커진다.

John William Waterhouse, 〈The Listener〉, 1909, oil on canvas, 97×59cm, Private collection

모든 두꺼비 안에
왕자가 잠자고 있다

최고의 대화술은 듣는 것이다 _ 스테판 폴란

캐나다의 정신과 의사로 교류 분석 l'Analyse transactionnelle
을 제창한 에릭 번 Eric Berne, 1910~1970은 "모든 두꺼비 안
에 왕자가 잠자고 있다. 두꺼비를 죽이는 건 쓸데없는 짓이
다. 왕자를 잠에서 깨우면 그것으로 충분하다."라고 말했
다. 달리 해석하면, 상대의 결함을 찾아내서 지적하는 대신
에 긍정적인 잠재력을 찾아내는 데 집중하는 편이 훨씬 낫
다는 뜻이다. 상대의 잠재력을 찾아내는 가장 좋은 방법은
바로 경청이다.

우리는 때때로 두꺼비처럼 행동하지만 우리 모두는 사실
왕자이고 공주다. 이 책을 읽어가는 과정에서 경청하는 능
력을 향상시킨다면, 우리는 점점 더 많은 왕자를 잠에서 깨
울 것이고 두꺼비를 만나는 횟수도 점점 줄어들 것이다. 심

리 치료사 에르베 마냉Hervé Magnin은 "믿기지 않겠지만, 사람들의 말을 진정으로 귀담아듣게 되면 그들을 정말로 사랑하지 않을 수 없게 된다."라고 말하며, 이 원칙을 명쾌하게 정리해 주었다.

이 장을 시작할 때 말했듯이, 이 원칙들은 내가 당신에게 받아들이면 좋겠다고 제시한 것에 불과하다. 당신의 경험에 비추어 이 원칙들의 타당성 여부를 확인하는 것은 당신의 몫이다. 앞으로도 나는 바람직한 소통에 대해 언급하며 여러 원칙들을 제시할 것이다.

3장

경청은 거품의
상호 작용이다

— 소통의 여러 양상

이제 당신은 우리가 천성적으로 자기중심적이며, 주관적인 작은 세계에 살고 있다는 것을 알게 되었다. 그 작은 세계는 개인적인 가치관과 우선순위 및 관심사로 채워진 거품과 비슷하다. 다시 말하면, 두 사람이 만난다는 것은 두 거품이 접촉해서 상호 작용을 시작한다는 뜻이다. 거품들이 어떻게 만나 결합되느냐에 따라 소통의 '양상position'은 달라진다.

특정한 양상의 소통이 다른 양상들에 비해 낫다고 단정적으로 말할 수는 없다. 의사소통에서는 '좋다'와 '나쁘다', 혹은 '옳다'와 '틀리다'라는 가치 판단식 평가를 피해야 한다. 어떤 양상으로 소통하더라도 그에 따른 결과가 있게 마련이다.

중요한 것은 기대하는 결과를 얻는 것이다. 하지만 우리는 상대로부터 박수를 받기는커녕 상대의 반발을 초래하는 경우가 비일비재하다. 기대하던 결과와 유사한 결과를 얻으면, 당신의 소통 방법은 '유익하다'라고 말할 수 있다. 반면에 당신의 바람과 동떨어진 결과를 얻는다면 당신의 소통 방법은 '제한적이다'라고 말할 수 있다.

따라서 의사소통에는 옳고 그른 행동이 있는 게 아니라, 도움이 되는 유익한 면과 그렇지 않은 제한적인 면이 있다고 말하는 편이 낫다. 어떤 양상의 소통에나 도움이 되는 면과 제한적인 면이 있기 때문에 더더욱 그렇다.

거품
양상

'거품' 양상이라고 이름 붙인 형태의 소통 양상에서 나는
자신에게 중요한 것을 철저하게 의식하는 존재다. 나는 개
인적인 추론과 생각에 집착하고, 철저하게 내 감정에 충실
하다. 따라서 다른 사람을 포용할 여지가 거의 없고, 다른
사람의 생각을 거의 고려하지 않는다.

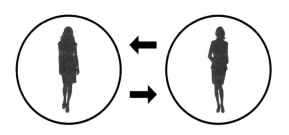

거품 양상

'거품'에 비유되는 소통의 양상에서 두 친구 간의 대화는 대략 다음과 같을 것이다.

마르틴 : 큰일 났어. 이번 주말에 일을 해야 해. 아이들을 어떻게 해야 할지 모르겠어. 아이들을 돌봐줄 사람을 구하지 못했거든.

넬 리 : 난 이번 주말에 장 프랑수아하고 등산하기로 했어.

마르틴 : 넌 정말 좋겠다. 난 힘들게 일을 해야 하는데……. 아이들을 돌볼 방법을 해결해 주지도 않고 엄마들에게 일을 시키는 건 금지해야 해. 특히 아빠까지 출장 중인 주말에는 말이지.

넬 리 : 날씨 때문에 몇 번이고 미루었는데 드디어 산에 가는 거야. 이번에는 날씨가 화창할 거라는 일기예보가 있었거든. 이번 기회를 놓칠 수는 없어! 정말 굉장한 산행이 될 거야!

• **유익한 면** : 거품에 비유되는 소통 양상에서 대화를 나누는 사람들은 각자 자신의 중심을 재정비하고 가치관과 우선순위에 재접속한다. 따라서 거품 양상은 상대에게 '싫어!', '그만!', '됐어!'라고 말하기 위해 반드시 필요한 양상이

다. 거품의 존재 덕분에 자신이 어떤 사람이고 무엇을 원하는지 알 수 있다. 예컨대 당신이 주변으로부터 쉽게 영향을 받고, 청탁을 거절하지 못하며, 자기주장을 자신 있게 내세우지 못하는 사람이라면, 당신의 거품에서 어떤 자세를 취하며 당신의 거품을 어떻게 방어해야 하는지 충분히 모르는 사람일 가능성이 크다.[1]

• **제한적인 면** : 위의 대화는 아무런 상관관계도 없는 두 독백을 포개놓은 듯하다. 상대의 말을 경청하려는 자세도 없고 상대의 상황을 이해하려는 배려도 없다. 따라서 이런 대화에서 상호 신뢰와 암묵적인 동조가 싹트기를 기대하기는 힘들다.

---

1 Christel Petitcollin, *S'affirmer et oser dire non*, Éditions Jouvence, collection 《Pratiques》, 2003을 참조할 것.

동일화
양상

거품 양상의 대화를 다시 기억해 보자. 이때 당신이 개인적으로 계획한 주말을 포기하고 넬리를 대신해서 마르틴에게 그의 아이들을 돌봐주겠다고 약속했다면, 당신은 '동일화identification' 양상으로 소통하는 성향을 띤 사람일 가능성이 크다.

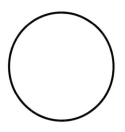

동일화 양상

동일화 양상으로 소통하는 사람은 상대의 입장을 고려해서 상대의 사고방식, 즉 상대의 가치관과 믿음을 받아들이며 상대와 감정까지 공유하려 애쓴다. 이들은 자신의 세계관을 일단 접어두고, 상대의 거품에 주저하지 않고 들어간다.

• **유익한 면** : 동일화 양상은 감정 이입, 즉 공감과 연민에 근거한 것이다. 따라서 이 소통 양상에서는 긴밀한 관계 형성과 예외적인 경청이 가능하다.

• **제한적인 면** : 상대의 거품에 지나치게 깊이 들어가면 자신의 고유한 기준을 상실하기 십상이다. 그 때문에 남들에게 영향을 쉽게 받고, 조종당할 수도 있다. 상대의 감정에 휩쓸리면 객관성을 상실해서 궁극적으로는 상대에게 어떤 도움도 주지 못하게 된다. 또한 자신의 거품은 방치한 상태이기 때문에 결국에는 자신에 대한 불만이 쌓이게 된다.

어떤 유형의 사람을 만나더라도 카멜레온처럼 능수능란하게 적응하며 상대의 비위를 맞추는 사람이 있다. 많은 경우 이런 삶의 방식은 '생존 기제mécanisme de survie'에 가깝다. 따라서 이런 유형의 사람들은 자아 상실까지는 아니어도 내면이 잘게 쪼개진 듯한 기분에 시달리는 경우가 많다.

메타
양상

    '메타méta-'라는 접두어는 '초월'과 '포괄하다'라는 뜻을 동시에 갖는다. 따라서 '메타 양상métaposition'은 관찰자의 위치에서 대화하는 것이며 가장 객관적인 양상이다. 메타 양상으로 소통하는 나는 상반된 두 세계관—대화 상대의 세

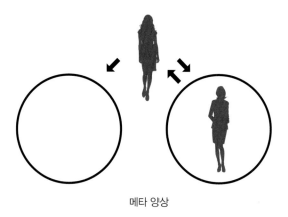

메타 양상

계관과 나의 세계관—에 대한 정보를 동시에 얻을 수 있다. 따라서 나는 감정적으로 연루되거나 뒤얽히지 않는다.

　메타 양상의 소통에서 넬리는 마르틴의 자녀 양육에 대한 고민을 이해하고 공감하지만 자신이 소중하게 생각하는 것까지 망각하지는 않는다. 모든 가능성을 동시에 검토한 다음에 넬리는 이기주의나 이타주의에 매몰되지 않고 양쪽의 욕구를 종합해서 객관적으로 반응한다. 메타 양상의 넬리는 "그래, 네 상황이 얼마나 딱한지 이해하겠어. 다른 경우라면 내가 기꺼이 네 아이들을 돌봐주겠지만, 이번 주말은 나에게 정말 중요해. 장 프랑수아와 내가 오래전부터 기다려온 시간이거든. 시간제 근무로 아이를 돌봐주는 사람을 알아보는 건 어떨까?"라고 대답할 것이다.

　• **유익한 면** : 메타 양상에서는 감정에 얽매이지 않기 때문에 감정적으로 매몰된 상황에서 벗어날 수 있다. 기본적으로 주관적 판단에 갇혀 지내는 우리의 가장 중립적이고 객관적인 소통 양상이 메타 양상이기도 하다. 이 소통 양상은 여러 가능한 상황을 분석하고 통합함으로써 복수複數의 해결책을 제시한다는 점에서 객관성과 공정성을 띤다고 말할 수 있다.

Laurits Andersen Ring, ⟨The Painter in the Village⟩, 1897, oil on canvas, Statens Museum for Kunst, National Gallery of Denmark

• **제한적인 면** : 메타 양상의 가장 큰 약점은 감정이 개입되지 않는다는 것이다. 이 소통 양상에서는 대화가 따분하게 끝나기 십상이다. 특히 소통에서 메타 양상을 주로 취하는 사람은 결단성이 없는 사람으로 보일 수도 있다. "한편으로는……라고 생각할 수 있지만, 다른 관점에서는……."라고 말한다. 이처럼 미적지근한 태도, 게다가 냉담하고 객관적인 태도는 상대에게 짜증을 유발할 수도 있다.

투영
양상

투영 양상은 삶에 대한 내 생각, 즉 내 가치관을 대화 상대에게 강요한다. 상대에게 자신의 거품에서 벗어나 나와 같은 방식으로 생각하며 세상에 대해 인식하라고 촉구한다. 이런 양상으로 소통한다면 넬리는 이번 주말의 산행이 자신과 남자 친구에게 중요한 이유를 마르틴에게 이해시키

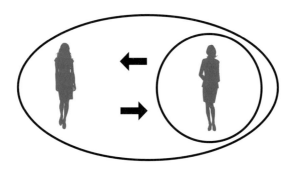

투영 양상 1

려고 애쓸 것이다. '투영projection'이라는 소통 양상은 '나'가 사용되어야 할 자리에 '당신'이나 '너'가 부적절하게 사용되는 특징이 있다.

예컨대 여자인 내가 남자인 대화 상대에게 다음과 같이 말하는 경우를 생각해 보자.

"그래요, 당신도 알겠지만 살아도 사는 게 아니에요! 당신이 하이힐을 신고 하루 종일 서서 일하면 발이 얼마나 아프겠어요. 게다가 퇴근해서 집에 돌아왔을 때 남편이 식기세척기조차 비워놓지 않은 걸 보면 기분이 어떻겠어요."

대화 상대는 남자여서 나처럼 하이힐을 신지 않는다. 또 남편이나 식기세척기가 없을 수도 있다. 따라서 '당신'의 사용은 부적절하기 그지없다. 오히려 "내가 하이힐을 신고 하루 종일 서서 일하면……."이라는 식으로 말했어야 한다. 하지만 '당신'이란 표현은 상대에게 내 입장을 참작해 달라는 의미로 사용한 것이다.

내가 상대와 공유할 것이 발의 통증과 피로감밖에 없다면 투영은 상대에게 무척 불쾌한 소통의 양상일 수 있다. 하지만 내가 상대와 공유하려는 것이 긍정적인 것이라면, 상대는 무척 즐거워할 것이다.

"패러글라이딩을 처음 한다고 상상해 봐. 눈앞에 드넓

은 하늘이 펼쳐져 있어. 마침내 너는 공중을 향해 도약하려
고 비탈면을 달리기 시작하고, 네 뒤에서는 패러글라이더
가 부풀어 오르며 네 어깨를 잡아당기고는 너를 번쩍 치켜
올리지. 그런 후에 너는 새처럼 하늘을 비행하는 거야. 처
음에는 약간 구역질이 나지만, 곧 환상의 세계를 경험하게
될 거야. 사방이 쥐 죽은 듯 고요하고, 주변에는 산들이 보
이고, 발아래로는 호수가 보인다고 상상해 봐. 정말 아름답
지. 어디에서도 너는 그런 행복감을 맛보지 못할 거야!"

　내가 당신을 꿈꾸게 했는가? 갑자기 새처럼 가벼워져서
호수 위를 날아다니는 기분인가?

　'투영'이라는 소통 방식은 상대를 이야기 속에 끌어들이
는 탁월한 방법이기 때문에 뛰어난 이야기꾼들이 보여주는
재주 중 하나다. 또한 교사가 흔히 사용하는 수법이기도 하
다. 교사는 자신의 세계관을 학생들에게 투영한다. 그래야
학생이 새로운 지식의 세계에 입문할 수 있기 때문이다.

　투영은 내가 이 책에서 시도하는 방법이기도 하다. 내가
바람직하게 생각하는 소통 모델을 당신에게 투영함으로써
당신을 올바른 소통 방법으로 유도할 수 있기 때문이다. 투
영의 유익한 점이 바로 여기에 있다.

　물론 투영에도 제한적인 면이 있다. 우리가 주관적인 세

계에서 살아간다는 사실을 무시한 채 세상을 관찰하는 우리 방식이 객관적이라고 착각한 상태에서 투영이란 소통 방식을 무척 자연스레 취하는 것이다.

당신이 개인적인 가치관과 기준 및 세계관을 상대에게 강요하려 한다면, 상대는 당신과의 대화를 부담스럽게 받아들이게 된다.

따라서 당신의 거품만큼이나 상대의 거품을 존중하기 위해서라도 이런 모든 메커니즘을 이해하는 것이 중요하다.

투영 양상 2

지금까지 살펴본 네 가지 소통 양상을 정확히 파악하고 있어야 우리는 상황에 따라 최적의 소통 방식을 선택할 수 있다. 상대와 원활하게 대화를 나누고 싶다면 네 가지 소통 방법을 능수능란하게 교체하며 대화를 처음부터 끝까지 끌어가는 능력을 다듬고 함양해야 한다. 요컨대 자신의 거품을 면밀히 살펴보며 내가 누구이고 무엇을 원하는지 되새기면서도, 번질나게 상대의 거품에 다가가 상대의 의도를 파악하고 이해하려고 노력해야 한다. 또한 때로는 메타 양상으로 거리를 두고 객관적으로 판단하고, 더 나아가서는 당신을 상대에게 투영하며 당신의 관점을 설명할 수도 있어야 한다.

경청을 주제로 한 강습회에서 내가 참가자들에게 제시하는 과제를 통해 참가자들은 네 가지 소통 방법을 연습할 수 있다. 당신도 집이나 직장에서 두 명의 친구와 함께 재밌게 연습할 수 있다. 가벼운 주제를 택하면 상당히 재밌게 해낼 수 있을 것이다.

이 연습을 하려면 세 사람이 짝을 이루어야 한다. 편의상 세 사람을 A, B, C라고 해보자. A가 자신에게 상당히 중요한 문제, 예컨대 죽음의 고통, 안락사, 사냥의 법적 허용 등을 주제로 제시한다. 이때 나는 A의 역할을 맡은 참가자들에게 지나치게 민감한 주제를 선택하지 말라고 부탁한다. 자신이 깊이 연루되어 있거나 눈앞에 임박한 문제여서 개인적인 감정이 개입될 수밖에 없는 주제인 경우 참가자들이 유머 감각을 발휘하기 힘들기 때문이다. 따라서 '자신의 관점을 분명히 밝히며 옹호해야 하는 문제'를 주제로 선택하는 편이 낫다. 나는 A에게 그런 방향으로 논증을 전개하며 자신의 의견을 옹호해 달라고 부탁한다.

B에게는 A가 주장하는 관점을 반박하며, 완전히 반대되는 견해로 논증을 전개하라고 지시한다. 어느 쪽도 자신의 의견을 양보해서

는 안 되며, 상대방의 논증에 설득당해서도 안 된다.

이런 연습을 통해 A는 자신의 거품을 굳건히 지키는 방법을 배운다. 그런데 자신의 의견, 즉 거품을 끈질기게 지키지 못하는 사람이 의외로 많다. 이런 사람은 일상생활에서 상대의 의견을 반박하거나 부탁을 거절하지 못하는 사람일 가능성이 높다. 반면에 상대의 부탁을 대부분 냉정하게 거절하며, 주변 사람들에게 자기중심적인 사람이라고 손가락질을 받는 사람들도 많다.

B의 경우에는 주제에 대한 자신의 원래 관점이 무엇이냐에 따라 논증을 끌어가는 어려움의 정도가 달라진다. 만약 애초부터 B의 의견이 A와 다르다면 연습이 순조롭게 진행될 것이다. 또 B가 악의적으로 상대를 불안하게 만드는 데 능숙한 사람이라면, 상대의 말꼬리를 붙잡고 늘어지거나 터무니없는 논리로 반박하며 연습을 은근히 즐기기도 할 것이다. 그러나 B가 사실은 A와 같은 의견이라면, 자신의 생각과 다른 관점을 옹호하며 A의 논증을 반박하는 데 어려움을

느끼기 쉽다. 따라서 B의 논증은 미적지근하고 설득력도 떨어지게 마련이다. 적어도 처음에는 그런 현상이 두드러지게 나타난다. 하지만 이 연습을 끈질기게 계속하면 B는 조금씩 생각을 일관성 있게 정리하고 새롭게 만들어낸 생각을 논리적으로 풀어낸다. 따라서 B는 그때까지 몰랐던 새로운 거품, 즉 그가 근본적으로 가졌던 의견과 전혀 다르지만 일관성 있게 성립된 관점을 탐구하는 기회를 갖게 된다.

A와 B가 입씨름을 벌이는 동안 C는 묵묵히 관찰자 역할을 한다. 어떤 간섭도 하지 않아야 한다! C는 메타 양상을 직접 체험하는 기회를 갖는 것이다.

그런데 입을 다물고 있지 못하고 A와 B의 논쟁에 끼어드는 사람이 강습회에서 자주 확인된다. 힘겹게 침묵을 지키고는 있지만, 내면의 자아가 온갖 수단을 동원해서라도 둘의 논쟁에 끼어들어 두 사람에게 당장 알려야 하는 적절한 정보를 가진 것처럼 소동을 피운다고 느끼는 사람들도 있다. 한편, 침묵을 지키지만 그 시간을 지겹고 따분하게 생각하는 사람들도 있다. 여하튼 강습의 초기 단계에서 침묵을 지키면서도 동시에 A와 B의 논쟁에 주의를 집중하는 C는 무척 드물다.

이 연습을 통해 세 사람은 상대를 설득하려 애쓰면서도 정작 상대의 말에 귀를 기울이지 않는다는 사실을 깨닫는다. 자아와 자신의 생각에 매몰되어 상대의 말을 전혀 듣지 않는다는 뜻이다. 달리 말하면, 상대의 면전에 멋지게 날릴 자기만의 논리를 정리하는 데 급급하고, 상대의 말문을 막아버릴 순간만을 호시탐탐 엿보고 있다는 뜻이기도 하다.

그렇지만 '세뇌'에 관련된 여러 연구에서 이미 입증이 되었듯이, 역선전contre-propagande(상대의 선전을 거꾸로 이용하여 상대편이 불리하도록 선전하는 일—옮긴이 주)은 오히려 원래의 믿음을 강화하는 경향을 띤다. 다시 말하면, 거품은 공격을 거세게 받을수록 더욱 강해지며 단단하게 닫힌다. 쌍방이 상대의 주장에 귀를 닫고 자신의 의견을 계속 주장한다면 상대가 틀렸다는 생각이 각자의 머릿속에 깊이 심어질 뿐이다. 따라서 쌍방이 상대의 관점을 강력하게 부인하며 상황이 더욱 악화되기 마련이다.

이처럼 상반된 관점의 토론은 우리에게 흔히 민주적인 모델로 소개된다. 텔레비전 방송국은 시사적인 문제를 주제로 선택해서 찬성과 반대 의견을 가진 토론자들을 초빙한다. 양측의 토론을 능숙하게 유도하는 사회자의 솜씨에 열기가 뜨겁게 달아오르면, 전문가들은 점점 거친 말을 주고받으며, 목소리도 높아지고 공격의 강도도 거세진다. 덩달아 시청률도 올라간다. 어느 쪽도 상대의 주장을 받아들이지 않아 어떤 타협도 기대되지 않는다. 결국 그때까지 목소리를 죽이고 있던 사회자가 나름대로 입씨름을 정리하고 시청자들에게 시청해 줘서 고맙다고 말하며 토론을 끝낸다.

정말 이상한 의사소통 모델이 아닌가? 서문에서 우리가 소통하는 법을 배운다고 생각하지만 실제로는 소통을 단절하는 법을 배운다고 내가 말한 이유를 이제 이해할 수 있을 것이다. 그렇다면 어떻게 해야 올바른 소통법을 배울 수 있을까?

4장

경청하면
돌부처도 돌아본다

— 신뢰를 형성하는 경청

누군가와 편안하게 대화를 주고받는다면 둘 사이에 신뢰 관계가 형성되어 있다는 뜻이다. '관계rapport'라는 것은 훌륭한 의사소통을 기초로 해서 이루어지며, 신경언어 프로그래밍Programmation NeuroLinguistique에서 흔히 사용되는 용어다. 인간관계에서 편안함을 주는 상호 신뢰는 직관적으로 인식되는 것이기 때문에 쌍방이 대화 상대에게 편안함을 느끼게 마련이며, 공동된 과제나 목표도 거부감 없이 받아들이게 된다. 이런 이유에서 관계는 효율적인 의사소통을 위해서, 더 나아가 협력적이고 창의적인 관계를 구축하기 위해서도 반드시 필요한 조건이다.

우리는 상대와 신뢰 관계에 있는지, 아닌지를 직관적으로 알 수 있지만, 그 관계가 어떻게 형성되었는지에 대해서는 모르는 경우가 많다. 따라서 관계의 정도가 달라지면 그 문제를 어떻게 해결해야 하는지 모른다. 이처럼 우리는 신뢰 관계를 구축하는 요인들이 무엇인지 모르기 때문에, 신뢰 관계를 회복하거나 유지하기 위해서, 혹은 더욱 강화하기 위해서 어떻게 행동해야 하는지도 모른다.

각자의 '거품', 즉 세계관이 어긋나지 않고 맞물리며 일치할 때 신뢰 관계가 자리 잡는다. 또한 서로의 믿음과 가치관이 같은 방향을 향하며 동조할 때 신뢰 관계는 더욱 깊어진다. 반면에 두 사람의 세계관이 충돌하고 대립하면 신뢰 관계가 깨지고 악화된다.

상대와 깊고 진정한 관계를 맺으려면 자기 자신과도 깊고 진정한 관계를 맺어야 한다. 자신의 내면세계에 갈등이 있으면 상대에게 모호하고 모순된 메시지를 전달하기 마련이어서, 결국 소통도 불안하고 불만스러울 수밖에 없다. 따라서 상대와 순조롭고 원만하게 소통하려면, 먼저 자기 자신과 만족스럽게 소통해야 한다. 이런 이유에서 소통 방법의 학습은 자기 계발이라는 과제와 떼어놓고 생각할 수 없다.

신뢰 관계를 구축하려 애쓰며 의식적으로 신뢰 관계를 형성해 가는 것은 얼마든지 가능하다. 일단 신뢰 관계를 구축하는 요인들을 알아내서 적용하고 실천하면 충분하다. 강습회에서 내가 이렇게 말하면, 좋은 인간관계를 구축하는 방법이 일종의 조작과 유사한 것이라 생각하며 충격을 받거나 화를 내는 참가자가 적지 않다.

그러나 상대와 좋은 관계를 맺기 위한 방법을 알려주었

William Merritt Chase, ⟨Meditation⟩, 1886, pastel on paper, 67.31×51.44cm, Private collection

는데 상대를 세뇌해서 조종하려는 짓이라고 경솔하게 비난하는 이유를 이해할 수 없다. 상대를 배려하는 방향으로 처신하는 새로운 방법을 배우지 않는 게 옳은가? 상대와 좋은 관계를 맺고 싶은 사람이 좋은 관계를 맺을 수 있는 새로운 방법을 배우지 말아야 할 이유가 어디에 있는가?

게다가 자연스럽게 관계를 맺고 있는데 굳이 거북하게 만들어낸 신뢰 관계를 맺을 이유가 없다거나, 관계의 질에 마음을 써야 할 이유가 없다는 말도 자주 듣는다. 이렇게 비판하는 사람들은 본의는 아니겠지만 사랑하는 사람들의 마음에 상처를 줄 수 있다는 건 생각하지 않고 무엇이든 거리낌 없이 말할 수 있는 권리를 요구한다. 이들은 관계의 변화를 파악하는 데 무척 느린 편이어서, 상대와의 상호 작용이 원만하지 못하기 일쑤다.

다시 말하면, 그들 자신이 오히려 관계를 망가뜨리며 조작한다고 말할 수 있다. 지나친 자연스러움이 그들에게 피해를 주는 셈이지만, 그런 자연스러움은 그들이 진정성의 증거로 요구하는 것이다. 그들은 소통의 기법을 배우면 자신이 가진 본연의 자연스러움을 상실하게 될 것이고, 그 결과 부자연스럽고 계산적인 반응을 하는 인위적인 존재로 전락하게 될 것이라 생각한다. 소통에 관련된 새로운 기법을 배우면 본연의 자연스러움을 일시적으로 상실하는 건 사실이지만, 그런 상실은 앞에서 언급한 학습 단계들로부터 비롯되는 결과이며 과도기적인 현상에 불과하다. 상대를 편하게 해주는 새로운 능력을 자신의 것으로 완전히 소화하면, 그 능력이 자연스럽게 느껴지며 모두에게 편안함과 행복감을 안겨줄 것이다.

어떻게 하면 이런 상호 신뢰 관계를 구축할 수 있을까? 각자의 세계관, 즉 각자의 '거품'이 어긋나지 않고 맞물리며 일치하도록 하려면 어떻게 하면 좋을까? 서로의 믿음과 가치관이 같은 방향을 향하게 하려면 어떻게 해야 할까?

앞에서 우리는 바람직한 의사소통을 위한 네 가지 기본 원칙을 살펴보았다. 위의 질문에 대답하려면 다섯 번째 원칙을 덧붙여야 한다. "신뢰 관계는 상대의 세계관에서 상대를 만나는 데 있다."라는 것이다.

신뢰 관계를 구축하려면 기꺼이 상대의 거품에 들어가야 한다는 뜻이다. 다시 말하면, 상대의 삶과 열정 및 감정에 진정으로 관심을 갖고 상대를 이해하려고 애써야 한다는 뜻이다.

이렇게 하려면 3장에서 보았던 두 번째 양상의 소통 방식인 '동일화'라는 양상을 채택해야 한다. 동일화, 즉 포용과 수용의 태도를 통해 우리는 상대에게 그가 우리에게 중요한 사람이란 뜻을 전달할 수 있다. 비유하자면, 동일화는 상대의 문을 예의 바르게 두드린 후에 그의 세계에 들어가는 걸 허락해 달라고 요구하는 것과 같다. 따라서 화합과 조화와 친교의 관계를 구축하려면, 상대에게 우리를 이해해 달라고 요구할 것이 아니라 우리가 먼저 상대를 이해하려고 애써야 한다. 경청의 이점이 바로 여기에 있다. 경청이 곧 소통이다. 지금은 자신과 난해한 관계에 있는 사람일지라도 그를 먼저 이해하려고 애써야 한다.

물론 필연적으로 당신의 '자아'는 이런 행동 방식을 달갑게 여기지 않을 경우 반발할 것이다. 실제로 강습을 진행하는 동안 나는 이런 반발을 숱하게 경험했다.

"내가 먼저 이해하라고요? 왜 항상 내가 먼저입니까? 그럼 상대는 언제 내 세계로 다가오는 겁니까? 항상 내가 상대에게 다가가야 한다는 건 공정하지 않습니다! 항상 내가 먼저 상대를 이해하려고 애써야 한다면, 그것은 소통이 아닙니다!"

나는 이렇게 반발하는 사람들에게 소통을 여행과 비교해 보라고 제안한다. 이상하게도 여행의 경우에는 정반대다. 대부분의 사람이 여행하는 것을 좋아한다. 그런데 우리는 일반적으로 여행자들이 자신의 '아름다운 구역'을 침범해서 어지럽히는 것보다, 자신이 여행자가 되어 다른 지역을 방문하는 걸 더 좋아한다. 우리는 여행하며 어떤 즐거움을 얻는가? 일상의 삶을 떠나 잠시라도 잊고 지내는 즐거움, 새로운 것을 배우고 발견하는 즐거움을 꼽을 수 있을 것이다. 경청의 경우도 다를 바가 없다.

언젠가 강습회에 참석한 한 여성이 우리에게 다음과 같은 일화를 이야기해주었다.

"나는 한 친구와 함께 자동차로 여행하고 있었습니다. 그 친구가 운전을 했고요. 당시 목적지에 닿으려면 몇 시간을 더 운전해야 했습니다. 그래서 나는 경청에 대해 들은 강연을 다시 생각해 내며 실습해 볼 좋은 기회라고 생각했습니다. 운전에 몰두한 친구는 내가 부담스러울 정도로 그녀의 말에 귀를 기울이고 있다는 걸 전혀 눈치채지 못했습니다. 하지만 친구는 곧 내 관심을 알아채고 샴페인에 대해 얘기하기 시작했습니다. 친구는 샹파뉴의 포도주에 무척 관심이 많았던 까닭에 샴페인에 관해 모르는 게 없었습니다. 심지어 백악질의 지하 저장고, 떡갈나무로 만든 술통, 포도나무 품종, 포도 수확 시기 등 샴페인 양조법에 대해서도 끝없이 강의를 늘어놓았습니다. 그야말로 내게 마음을 터놓고 모든 걸 말하고 싶어 했습니다. 나는 무척 기뻤습니다. 샴페인에 대해 많은 것을 배웠고 시간이 얼마나 흘렀는지도 모를 정도였습니다."

그녀는 생각에 잠긴 표정으로 이렇게 결론지었다.

"10년 전부터 알고 지내던 친구였지만, 그녀가 샴페인에 대해 그렇게 박식한 줄은 몰랐습니다. 샴페인에 그처럼 관심이 많은지도 몰랐습니다. 그날의 경청은 친구에 대해 정말 아는 것이 없었다는 걸 깨닫게 해주었습니다."

소통을 소설이나 영화에 비교할 수도 있다. 우리는 꾸민 이야기를 읽거나 영화 보는 것을 좋아한다. 우리 스스로를 주인공과 동일시하며, 주인공과 함께 즐거움을 나누거나 공포에 떨고, 때로는 주인공의 서글픈 운명에 눈물짓기도 한다. 이런 이유에서 영화 〈타이타닉〉이 객석 점유율에서 전대미문의 신기록을 세운 게 아니겠는가!

하지만 이런 즐거움을 얻기 위해서 굳이 극장에 가거나 책을 펼칠 필요는 없다. 주변 사람들에게 주의 깊게 경청하는 모습을 보여주면, 그들은 열정적으로 변해서 자신들의 속내를 꾸밈없이 드러낸다. 한 사람 한 사람의 삶이 그야말로 한 권의 소설이다. 지금까지 나는 개인적으로 무의미한 상담을 받아본 적이 없다. '모든 두꺼비 안에 왕자가 잠자고 있다'라는 기본 원칙을 기억하는가? 볼품없는 두꺼비도 주변 사람들에게 인정받는다고 느끼면 과감히 왕자의 모습을 드러낸다. 겉으로는 진부하기 짝이 없는 삶에도 소중한 보물이 감춰져 있는 법이다. 다음 이야기도 같은 맥락이다.

어느 날 나는 시내버스를 타고 어딘가로 가고 있었다. 그 버스에는 눈빛을 반짝이며 말 상대를 찾는 듯한 할머니 한 분이 타고 있었다. 할머니는 내 미소에 용기를 얻고 나에게 말을 걸었다. 내가 몇 정거장을 가지 않아 곧 내려야 한다는 걸 알았던지 할머니는 내게 자신이 겪은 이야기를 무척 빠른 속도로 말해주었다.

전날이 일요일이어서 할머니의 고향 마을에는 고등학교 신입생들을 위한 축제가 있었다. 신입생들은 주로 그 마을을 중심으로 한 주변 농촌에서 온 학생들이었다. 졸업생들도 5년마다 모교에서 모임을 가지는데, 이날 축제에 함께 참석했다. 그해에는 15세의 신입생들이 축제를 준비했고, 모든 일을 무척 깔끔하게 해냈다. 물론 할머니 또래, 즉 75~80세인 졸업생은 그다지 많지 않았지만 재회의 즐거

Édouard Manet, 〈Argenteuil〉, 1874, oil on canvas, 149×115cm, Musée des Beaux-Arts(Belgium)

움을 누렸고, 같은 시골 학교를 다녔다는 공통분모를 가진 다른 세대들과 만나는 즐거움도 맛보았다. 맛있는 음식이 차려졌고, 음악이 흘렀으며, 사방에서 웃음꽃이 피었다. 참석자들은 탁자들을 피해가며 춤도 추었다…….

이야기를 들으며 나는 그 마을에서 한 손에 술잔을 들고 노인들과 아이들 속에 뒤섞여 있는 기분이 들어 하마터면 내가 내려야 할 곳을 지나칠 뻔했다.

삶의 즐거움은 함께 나눌 때 더욱 커진다. 이런 이유에서 그 할머니는 전날의 즐거움을 되살리고 싶기도 하거니와 다른 사람들과 함께 나누고 싶은 마음에 나에게 이야기를 들려주었던 것이다. 나도 할머니의 이야기에 귀를 기울이며 무척 즐거운 시간을 보냈고, 할머니는 전날 자신이 누린 즐거움을 나에게 고스란히 전해주었다. 어쩌면 그 이상이었다. 지금도 할머니를 좋은 추억거리로 때때로 내 머릿속에 떠올리기 때문이다.

다른 사람들의 말에 귀를 기울이는 게 정말로 그렇게 힘들고 어려운 것일까? 우리가 '자아'의 목소리를 낮추면 많은 것을 상실하는 것일까? 의사소통에서 내가 상대의 말을 귀담아듣는다면, 거기에서 가장 혜택을 얻는 사람은 나 자신이 아닐까? 상호적이고 조화로운 대화에 패자나 승자가 있을까?

위에서 인용한 내 경험을 믿어라. 상대의 세계에 적극적으로 들어가면, 상대를 당신의 세계로 끌어들이려고 애쓸 때보다 훨씬 많은 것을 얻을 수 있다. 반대로 상대를 당신의 세계로 끌어들이려는 노력은 십중팔구 실패하기 마련이다. 경청은 당신에게 훨씬 너른 마음으로 세상에 다가가게 해준다. 여행이 사람을 만들고 마음을 넓게 해준다는 말이 있다. 반면에 경청은 상대의 내면세계에 들어가서, 다른 방식으로 행동하고 존재하며 생각하게 한다. 또한 일상의 어려움을 해결하는 방법만이 아니라 우리 삶에서 유익하게 활용할 수 있는 지식까지 찾아내서 습득하게 해준다.

경청하는 능력을 함양하면 많은 점에서 우리에게 큰 도움이 된다. 첫째로 경청은 자신감과 자긍심을 높여주고, 둘째로는 자신의 감정을 조절하는 능력을 키워준다. 경청할 때 멀찌감치 물러서서 자신의 세계와 상대의 세계를 구분할 수 있기 때문이다. 또한 경청하면 집중력과 주의력 및 기억력도 놀랍게 향상되며, 오해를 피하고 대화 상대에게 충분한 만족감을 주기 때문에 관계의 질도 크게 개선된다.

경청한다는 것은 상대의 고충을 들어주고 상대의 감상적인 기분을 스펀지처럼 흡수한다는 뜻이 아니다. 오히려 경청을 통해 그런 감상적인 늪에 빠지는 걸 예방하며 자신을 보호할 수 있다. 요컨대 경청하는 방법을 올바로 활용하면, 상대는 말하기 고통스럽고 우리는 듣고 있기 괴로운 때에도 감상의 덫에 빠지지 않고 상대에게 자신의 이야기를 솔직하게 털어놓도록 유도하면서 우리 자신을 지킬 수 있다.

5장

경청의 신,
침묵

— 적극적 경청

‘적극적 경청écoute active’의 목표는 상호 신뢰와 상호 존중의 분위기를 조성하고, 상대를 이해하며 정보를 수집하는 것이다. 적극적 경청은 상대의 말을 주의 깊게 듣는 것이다. 따라서 상대의 말을 도중에 끊지도 않고, 해석하거나 판단하지도 않는다. 상대에게 마음껏 말하도록 내버려두거나, 상대의 말을 도중에 끊지 않고 조용히 들어주기만 해도 상대는 일반적인 경우보다 자신에 대해 더 많은 것을 말하기 때문에 우리는 그에 대해 더 많은 것을 알아낼 수 있다. 적극적 경청은 이런 단순한 사실에 기초한다.

완전한
경청

인간은 입이 하나, 귀가 두 개 있다 _ 탈무드

처음에는 '완전한 경청écoute totale', 즉 입을 꼭 다물고 있는 것으로 충분하다. 직접 시도해 보면 알겠지만, 완전한 경청도 그렇게 쉽지는 않다. 끼어들고 싶은 욕구, 나름대로 결론을 짓고 싶은 욕망, 질문하고 싶은 욕구, 상대의 말을 평가하고 싶은 욕심 때문에 상대의 말을 주의 깊게 듣겠다는 의지가 흔들린다. 경청을 훈련하는 초기에는 이처럼 우리의 '자아'가 방해꾼으로 자주 끼어든다.

이 혼란스러운 단계를 이겨내야 한다. 그러면 경청의 즐거움이 조금씩 자리 잡기 시작한다. 완전한 경청은 침묵하며 말하는 사람에게 집중하는 것이다. 간혹 '그렇습니다.', '알겠습니다.', '음······.'이라고 맞장구하며 말없이 듣기만 하는 것이다. 쌍방이 상대의 말을 방해하는 일반적인 대화

와는 완전히 다른 태도가 완전한 경청에서는 요구된다.

특히 상대의 말을 주의 깊게 들으려는 노력 이외에 어떤 행동도 하지 마라. 상대에게 주의 깊게 듣는 모습을 보여주고, 상대를 열심히 관찰해야 한다고만 생각하라. 상대의 말을 들으면서 다른 행동을 한다면, 예컨대 기록을 하거나 메모를 읽으면, 또 다른 곳에 눈길을 준다면, 상대는 무척 불안감을 느낄 것이다.

상대가 말을 하고 있는데도 우리가 상대에게 눈길을 주지 않는다면 상대는 매우 불쾌하게 생각하게 마련이다. 실제로 우리 모두가 이런 태도를 못마땅하게 생각하며 "내 말을 듣지 않는구나! 내가 뭐라고 말했는지 그대로 말해 봐!"라고 불쾌감을 표시한 적이 있을 것이다. 하지만 상대가 우리의 말을 귀담아듣지 않는 것처럼 보였는데도 우리가 한 말을 그대로 하면 무척 당혹스럽다. 우리의 기분을 불편하고 거북하게 만들어 이득을 얻으려는 사람들이 이런 방법을 흔히 사용한다.

물리적으로나 시각적으로 상대에게 주의를 집중하라. 당신이 완전히 경청하는 모습을 보여주면, 상대는 당신이 제공하는 공간에 편하게 안주할 것이다. 이 경우 상대는 당신을 인정과 배려의 대상이라고 인식하며 판단의 대상은 아니라고 느낀다. 상대의 말을 끊지 말고, 상대가 적절한 단어를 찾도록 시간적인 여유를 허락하라. 말없이 기다리는 당신의 차분한 모습은 "당신의 말을 기꺼이 들어주고 주의를 기울이겠습니다. 당신이 누구인지 알고, 당신의 의도를 정확히 이해하고 싶습니다. 당신의 말을 중간에 끊으며 당신을 혼란스럽게 할 의도가 전혀 없습니다. 충분한 시간을 두고 당신의 뜻을 전달하기에 적합한 단어를 선택하십시오."라는 메시지를 상대에게 행동으로 전달한다. 솔직히 말하면, 당신도 어떤 말을 할 때 상대에게 이런 메시지를 받고 싶지 않은가? 그렇다면 당신이 먼저 상대에게 그런 메시지를 던져라.

상대와 같은 의견을 가지고 있더라도 당신의 생각을 입 밖에 내지 마라. 주의 깊게 들으려고 애쓰는 충실한 청취자가 되라. 당신이 이해한 부분과 그렇지 못한 부분을 명확히 알려줘야 한다. 그렇다고 "당신이 방금 뭐라고 말했는지 전혀 이해하지 못했습니다."라고 직설적으로 말하지 마라. 어조를 완화해서 "정확히 이해하지 못한 것 같습니다. 죄송하지만 다시 한 번 말해주시겠습니까?"라거나 "좀 더 자세히 말해줄 수 있겠습니까?"라고 말하라.

완전한 경청의 상황에서 당신은 두 가지 이유에서만 말을 할 수 있다. 하나는 당신이 주의 깊게 듣고 있으며 정확히 이해하고 있다는 걸 보여주기 위한 경우고, 다른 하나는 당신이 제대로 이해하지 못한 부분의 설명을 요구하는 경우다.

하지만 약간의 시간이 지난 후, 상대는 자기 혼자만 열심히 말하고 있을 뿐 호응이나 동의를 받지 못한다고 느낄 수 있다. 다시 말하면, 당신이 진정으로 경청한다고 확신하지 않거나, 당신이 자신의 말을 완전히 이해하지 못하는 것이라 생각할 수 있다. 특히 당신이 침묵으로 일관하거나 "음……."만 반복한다면, 상대는 '심리 치료사'에게 말하고 있다는 기분에 사로잡힐 수 있다. 따라서 당신이 경청하고 있다는 더 확실한 반응을 찾으며, 당신이 얼마나 집중하고 있는지 시험해 보려고 시도할 수도 있다. "내가 말하려는 의도를 이해하겠어요?", "내 말에 동의하나요?", "내 말이 맞지요, 그렇죠?" 등과 같은 질문을 하며, 상대는 당신이 진정으로 경청하고 있는지 확인하려 할 것이다. 이쯤 되면 당신은 완전한 경청의 단계에서 벗어나, 상대가 말한 내용을 재정리하기 시작해야 한다.

재정리

'재정리reformulation'는 상대가 조금 전에 표명한 의견을 더 이해하기 쉬운 방법으로 다시 말하는 것이다. 재정리의 목적은 상대에게 우리가 상대의 말을 충분히 이해하고 있으므로 계속 말해도 좋다는 의도를 전달하는 데 있다. 따라서 재정리는 상대에게 자신감과 편안함을 안겨주는 무척 강력하고 매력적인 언어적 수단이다. 재정리의 목적은 결국 대화를 더욱 심도 있게 계속 진행하는 데 있다.

"그렇습니다. 바로 그겁니다! 그러니까······."

재정리는 어떻게 해야 할까? 상대가 방금 말한 것을 한두 문장으로 간단하게 요약하면 그것으로 충분하다. 상대가 다섯 문장이나 열 문장을 말할 때마다, 덧붙이거나 생략하

Gotthardt Kuehl, ⟨In the Coffeehouse⟩, 1915

며 해석하지 말고 상대의 말을 그대로 되받아 맞장구치면 된다. 때로는 '그러니까', '내가 제대로 이해했다면', '달리 말하면', '그러니까 당신 생각은' 등의 말을 앞에 덧붙여도 괜찮다. 이렇게 하면 상대가 당신의 재정리를 인정하고 계속 말하게 된다. 만약 상대가 당신의 재정리를 수정해 주면, 당신은 다시 재정리하는 게 좋다. 구체적인 예를 들어보자.

"이번 회의에서 내가 발언권을 얻어 의견을 얘기할 수 있었어. 나는 일이 제대로 풀리지 않는 부분과 그 이유에 대해 지적했지. 이번에는 내 얘기가 받아들여진 것 같아."

"그래, 이번 회의에 긍정적인 면이 있었다면, 관리자들이 자네 주장을 귀담아들었다는 거야."

"당연히 그래야지. 나는 현장에서 근무하니까. 그래서 나는 어떤 문제가 있는지 구체적으로 지적할 수 있고, 구체적인 해결책도 제시할 수 있어. 누구를 험담할 생각은 전혀 없어. 모든 일이 제대로 진행되기를 바랄 뿐이라고."

"그래, 자네는 당연히 건설적인 방향으로 일하고 싶겠지. 자네는 현장에서 일하니까 사무실에서 일하는 임직원들보다 훨씬 현실적이겠지."

"바로 그거야! 관리자들은 현장이 어떻게 돌아가는지 정확히 알지 못해. 관리자들이 모든 것을 알고 있는 것은 아니라고. 그래서······."

당신이 제대로 재정리하면 상대는 무척 반색하며 반길 것이다. 그는 얼굴빛이 밝아질 것이고, "당연하지!", "바로 그거야!", "맞았어!"라는 감탄사를 연발하며, 자신의 의견을 열정적으로 토해낼 것이다. 자신이 말한 것에 맞장구치며 열심히 듣는 사람에게 말하는 것을 싫어하는 사람이 어디에 있겠는가!

하지만 잘못된 방향으로 재정리하는 경우도 적지 않다. 특히 대화 초반에 일어나기 쉬운 일이다. "전적으로 같은 생각입니다!"라는 맞장구 대신, "천만에!"라는 반박으로 재정리를 할 수도 있다. 그렇다고 이런 반박이 중대한 실수는 아니다. 오히려 상대가 뭔가를 배우려는 당신의 의욕에 감동받아, 자신의 의견을 기꺼이 다시 설명할 수도 있기 때문이다.

내가 경청의 기법을 배울 때 재정리 훈련에 참가할 기회가 있었다. 지금 생각하면 그 기회는 개인적으로 무척 유익한 시간이었다. 또 내가 완전한 경청을 처음으로 경험한 때

이기도 했다. 세 명이 짝을 지어 훈련을 했다. 한 명은 말하는 역할(A), 다른 한 명은 재정리하는 역할(B), 나는 관찰자 역할을 맡았다.

앞에서도 언급했듯이 관찰자는 철저히 침묵을 지켜야 한다. 달리 말하면, 나의 '자아'가 그들의 대화에 끼어들지 못하게 막아야 한다. 당시 훈련 과정은 대략 다음과 같이 진행되었다.

재정리가 처음 시도되었을 때 나는 재정리 역할을 맡은 사람(B)에 대해서 '이 친구가 좀 엉뚱하군.' 하고 생각했다. 실제로 B는 A에게 자신이 전혀 이해하지 못했다는 뜻을 전했다. A는 여유를 갖고, B에게 다른 식으로 설명해 주었다. 다시 재정리가 있었고, 내 생각에는 재정리 역할을 맡은 B가 A의 의도를 그런대로 이해했지만 A의 말에 담긴 뜻을 완전히 이해하지는 못한 듯했다. 내가 받은 이런 느낌은 A의 부인에 의해서도 확인되었다. 세 번째로 재정리가 시도되었다. 내 생각에 이번에는 B가 A의 생각을 거의 명확히 파악한 듯했지만 A는 B의 재정리를 다시 수정했다. 네 번째로 시도했을 때 B는 A의 발언을 축약적으로 재정리해 냈다.

내 판단에 의하면, 듣고 재정리하는 역할을 맡은 B의 재정리는 나무랄 데가 없이 완벽했다. 하지만 A가 "아니에요, 전혀 그렇지 않아요."라고 말하는 것을 듣고 나는 놀라지 않을 수 없었다. 논리적 일관성에서 벗어나는 것을 좋아하지 않던 나는 그들의 훈련에 끼어들어 A의 모순을 지적했다. 내 판단에는 그 훈련이 상당히 까다로운 탓에 A가 자가당착에 빠져 훈련 자체를 복잡하게 만드는 듯했다. 당연히 A와 B는 내 간섭에 무척 거세게 반발했지만, 나에게는 관찰자의 무모한 간섭이 어떤 결과를 초래하는지 깨닫는 좋은 기회가 되었다.

연습을 시작할 때부터 내 '자아'는 소외된 기분이었고, 따라서 그들의 기억에 그 존재를 다시 부각시킬 기회를 엿보았다. 그리고 반복하여 재정리를 시도하는 모습에 적어도 내 '자아'는 그 기회를 찾아냈다고 생각했다. 그런데 A와 B가 대화를 주고받으며 상당한 신뢰 관계를 형성하는 동안 그 관계에서 나는 완전히 배제되어 있었다. 그들은 내 존재를 까맣게 잊어버렸다. 그들이 조금씩 형성해 낸 신뢰라는 거품이 내 개입으로 인해 갑자기 터져버렸다.

그들은 신뢰라는 거품을 함께 형성한 후에 한쪽은 상대를 이해하려고 애쓰고 상대 쪽은 어떻게든 설명하려고 애썼다. 둘 중 누구도 재정리의 오류 여부를 따지지 않았고, 오히려 자신의 말을 명확히 다듬으려고 노력했다. 따라서 내 간섭은 그들의 집중력과 주의력을 흐트러뜨리는 결과를 초래했다. 또한 A는 거짓말쟁이로 취급받는 기분이었을 것이다. 당시 A가 자신의 견해를 진지하고 정확하게 B에게 전달하려고 노력하고 있었기 때문에 내 간섭은 A에게 더더욱 참담한 기분을 안겨주었을 것이다.

A는 모순되게 말하는 것도 아니었고 바보는 더더욱 아니었다. A는 B의 재정리에서 자신의 발언을 분명히 인식했지만 그 발언을 부인했다. 왜 그랬을까? B에 의해 정리된 자신의 발언을 듣고 자신의 원래 의도가 제대로 표명되지 않았다는 것을 깨달았기 때문에 부인한 것이다. 이른바 재정리의 '거울 효과effet miroir'를 체험한 것이다. 결국 재정리는 우리의 대화 상대에게 자신의 말을 다시 듣게 해주며, 재확인을 통해 자신의 의도대로 정확히 표현되지 않을 경우에는 수정하거나 무효화할 기회를 준다.

그렇다! 이런 경험을 통해 나는 미숙한 소통 능력을 절실하게 깨달았다. 하지만 이런 깨달음이 진정한 소통법을 습득하는 계기가 되었다. 그날 나는 혹독한 반발을 받은 덕분에 다음과 같은 교훈들을 얻었다.

- 거품은 신뢰 관계가 형성된 당사자들을 마법처럼 끈끈 하게 이어준다.
- 재정리는 정확성 여부와 상관없이 그 위력을 발휘한다.
- 상대가 자신의 말을 경청할 때 자기 분석이 자연스레 시작되는데, 경청이 중단되면 자기 분석도 곧바로 중 단된다.
- 의견의 제시를 요청받지 않는 한 '자아'를 침묵시켜야 할 절대적인 필요성이 있다.

따라서 당신이 상대의 말을 이해하지 못하거나, 당신의 재정리가 정확하지 않더라도 걱정할 것이 없다. 당신에게 말하는 사람, 즉 상대에게 중요한 것은 그의 말을 이해하려 고 애쓰는 당신의 진지한 자세다. "무슨 말인지 전혀 모르 겠어요!"라고 짜증 내지 마라. 당신이 이해한 조각들을 언 급하며, 보충해서 설명해 달라고 부탁하는 편이 훨씬 낫다. 예컨대 "당신에게 그 변화가 중요하다는 건 알겠습니다. 하 지만 그 변화가 당신의 일상을 어떻게 바꿔놓을지는 모르 겠습니다. 더 자세히 설명해 주시겠습니까?"라고 말하라.

그래서 상대가 다시 설명해 주면, 그의 발언 내용을 하나씩 정확히 되풀이하며 당신이 이번에는 제대로 이해했는지를 확인해야 한다. 특히 당신이 기억할 수 있는 것을 말하려다가 상대가 말하지 않은 것을 말하지 않도록 주의해야 한다. 이런 언어적 행위 이외에, 상대의 비언어적 반응에도 신경을 써야 한다. 얼굴 표정, 자세와 호흡의 변화도 그의 감정 상태를 당신에게 알려주는 소중한 정보다.

당신이 재정리를 시도했는데 상대가 "아닙니다, 전혀 그렇지 않습니다!"라고 반응하더라도 걱정할 필요가 없다. 오히려 반가운 소식이다. 당신이 지금까지 엉뚱하게 이해해서 그 뒤로도 잘못 이해할 가능성이 있었지만, 상대가 부정하는 반응을 보여 당신의 잘못된 재정리를 곧바로 수정할 수 있는 좋은 기회를 갖게 되었다!

Peder Severin Krøyer, ⟨A luncheon. The artist, his wife and the writer Otto Benzon⟩, 1893, 50×39.2cm, Hirschsprung Collection

의문의 형식을 띠는
재정리

의문의 형식을 띠는 재정리는 한 문장 전체, 문장의 뒷부분, 혹은 마지막 단어를 의문문 형태로 되풀이하는 방법이다. 물음 형태의 재정리는 상대의 화제에 대한 당신의 관심을 드러내며, 경청하는 방법에 변화를 줄 수 있는 기법이다.

"이번 주말에 나는 파리에 있었습니다!"
"파리에요?"
"예, 왜냐하면……."

하지만 이 기법은 절제해서 사용하는 편이 좋다. 그 이유는 다음과 같다.

- 의문의 형식을 띠는 재정리 기법을 자주 사용하면 말이 끝날 때마다 일부러 놀라는 듯한 부자연스런 분위기를 형성하기 쉽다.
- 어렵다는 이유로 진정한 재정리를 배우지 않으려고 의문의 형식을 띠는 재정리를 사용하는 사람도 있다. 사실 엄격히 말하면, 이런 재정리는 상대의 말을 실제로 완전히 이해했다는 증거가 될 수 없다.
- 의문의 형식을 띠는 재정리를 시도할 때 어떤 어조를 선택하느냐에 따라, 상대는 당신이 의심한다고 생각할 수도 있고, 혹은 당신이 빈정대는 것이라고 느낄 수도 있다.

"나한테 멋진 아이디어가 있었다는 걸 이제야 알았어!"
"그게 좋은 아이디어라는 걸 어떻게 알지?"

완전히 경청하는 자세를 보여주다가 규칙적으로 재정리를 하고, 간혹 의문의 형식을 띤 재정리까지 제시함으로써 우리는 상대에게 진정으로 경청하고 있다는 확신을 안겨주며 상대와 진정한 신뢰 관계를 구축할 수 있을 것이다. 또한 경청과 재정리를 통해 상대의 다채롭고 풍요로운 내면세계를 발견하고, 상대에 대해 많은 것을 알아갈 수도 있다.

이렇게 상대의 영역을 방문하는 데서 얻는 즐거움은 우리 자신에 대해 말하고 싶은 욕구까지 포기하게 만든다. 언젠가 심리 치료사 에르베 마냉은 "정말 놀라워! 네가 가르쳐준 방법대로 사람들의 말을 진정으로 귀담아들으면 그들을 정말로 사랑하지 않을 수 없어!"라고 말하며 나를 기쁘게 해주었다. 그렇다. 상대의 말을 진정으로 경청하면 두꺼비 안에 감추어진 왕자의 존재를 자연스럽게 발견한다. 이해와 배려, 집중과 기억, 애정, 이 모든 것을 우리는 경청을 통해 얻을 수 있다.

앞에서 나는 경청에 우리를 감정의 덫에 빠지지 않도록 지켜주는 기능도 있다고 말했다. 소통의 다양한 양상들을 제대로 습득하면, 우리는 '동일화 기제mécanismes de l'identification'를 완벽하게 숙달할 수 있다. 상대의 거품에 들어가느냐 그렇지 않느냐의 선택권은 우리 자신에게 있다. 메타 양상을 꾸준히 유지하면 높은 수준의 경청을 완벽하게 해낼 수 있다. 특히 상대가 격한 감정에 사로잡혀 말할 때에도 중립성을 유지하며 재정리하는 능력은 상대를 안심시키고 진정시키는 데 큰 도움이 된다.

심리 치료의 일환으로 나는 끔찍한 이야기를 자주 들어야 한다. 분노와 수치심 및 환멸 등이 뒤섞인 이야기여서, 이야기를 듣는 사람마저 온몸이 더러워지는 듯한 경우가 많다. 나는 이처럼 괴롭고 슬픈 이야기들을 혐오하지도 않고, 그렇다고 무관심하거나 냉담한 모습을 상대에게 보이지 않으면서도 담담하게 받아들일 수 있다. 재정리가 그 끔찍한 내용으로부터 나를 지켜주기 때문이다. 이야기를 경청한 다음 당신이 "그러니까 내가 제대로 이해했다면 당신 문제는……."이라고 말한다면, 그 문제가 '나의' 문제가 아니라는 것을 분명히 의식하고 있는 것이다.

"그렇기는 하지만"

단점을 찾기는 쉽지만 고치기는 어렵다_플루타르코스

경청에 대한 주제로 강습회를 열 때마다 나는 여러 부류의 사람을 만난다. 그중에는 훈련 내용을 빨리 이해하고 적용하는 사람도 있지만 거부하거나 의문을 가지는 사람도 적지 않다. 후자의 경우는 훈련을 여러 번 거듭해도 제대로 경청하지 못하는 편이다.

사람을 상대하는 자기 본래의 습관을 한순간에 급격하게 바꾸기는 쉽지 않을 것이다. 당연히 많은 두려움과 의문이 생긴다. 경청의 방법을 배우는 과정에서 "그렇기는 하지만"이라며 흔히 덧붙여지는 핑계들을 간략하게 살펴보자.

말하기를
멈추지 않는다

"도무지 말을 멈출 수가 없어요!"라고 하소연하는 사람이 많다. 충분히 이해가 되는 하소연이다. 요즘에는 경청하는 태도를 제대로 갖춘 사람을 찾기가 어렵다. 달리 말하면, 들을 준비를 하고 상대에게 너그럽게 귀를 열어주는 사람이 드물다는 뜻이다.

그렇더라도 경청은 자유의지로 받아들인 선택이어야 한다. 따라서 우리는 경청하기를 점잖게 거절하는 방법도 배워야 한다. 달리 말하면, 경청의 순간을 뒤로 미루며 지금은 경청할 만한 여유가 없다는 것을 점잖게 표현하는 방법을 배워야 하는 것이다. 예를 들면 다음과 같다.

"당신이 나에게 뭔가를 말하고 싶어 한다는 걸 잘 알고 있습니다. 하지만 오늘은 적당한 날이 아닌 것 같습니다. 그럴 만한 시간적 여유가 없습니다. 죄송합니다."

"당신이 나에게 말하려는 건 너무 중요해서 간단히 끝낼 이야기가 아닙니다. 마땅한 시간을 택해서 그 내용을 다시 이야기해보는 게 어떻겠습니까?"

Albert Samuel Anker, ⟨Civil Wedding⟩, 1887, oil on canvas, 76.5×126cm, Kunsthaus Zürich

"당신과 지금 이 문제를 다루고 싶지는 않습니다."

이러한 표현들도 점잖은 거부의 표현일 수 있다.

그러나 사람들이 우리에게서 시간을 빼앗는 것을 두려워할 필요는 없다. 오히려 좋은 경청은 시간을 벌게 해주는 경우가 많다.

한 여성 발음 교정사가 강습회에 참석해서 말해준 일화를 예로 들어보자. 그녀의 고객 중에는 '말을 못 하면 곧 죽는 병'에 걸렸다고 말해도 과언이 아닌 어린 소녀가 있었다. 그 소녀는 입을 잠시도 가만두지 않고 끊임없이 재잘거렸다. 발음 교정사는 소녀에게 애정결핍증이 있다는 사실을 눈치채고, 소녀가 15분쯤 마음껏 떠들도록 내버려둔 후에 단호한 목소리로 "됐지? 이제 충분히 말했지? 이제 발음 공부하자!"라고 말했다. 두 사람 다 불만스러운 상황이었다. 소녀는 말하고 싶은 욕구를 힘겹게 억눌러야 했다. 그 때문에 소녀는 좌절감을 느끼고 공부에 정신을 집중하지 못했다.

발음 교정사는 강습회에서 배운 경청 훈련법을 소녀에게 적용해 봤다. 처음 재정리를 해주자 소녀는 약간 당황한 듯 잠시 머뭇거렸지만, 곧 전보다 더 격렬하게 말을 쏟아냈다. 발음 교정사가 다시 재정리를 해주자, 소녀는 말을 중단하고 잠시 생각에 잠기더니 "그래요, 맞아요."라고 인정했다. 그러고는 약간 느려진 말투로 다시 이야기를 시작했다. 이렇게 몇 번의 재정리가 있은 후, 소녀는 말을 갑자기 중단하더니 "그래요, 맞았어요. 그런데 선생님은 오늘 기분이 좋은가요?"라고 물어서 발음 교정사를 깜짝 놀라게 했다. 오랜 시간은 아니었지만 그날 처음으로 소녀는 차분한 마음으로 정신을 집중해서 발음 공부를 할 수 있었다.

경청이 때맞추어 행해지면 말의 질이 말의 양을 대신하는 게 일반적인 현상이다. 상대는 자신이 이해받고 배려받는다고 느끼면 평소보다 서둘러 말을 끝낸다. 따라서 상대가 대화 시간을 독점할 가능성도 줄어든다.

지극히 개인적인 정보를 털어놓는다

누구도 부인할 수 없는 사실이다. 경청은 상대에게 자기

성찰을 유도하고, 심지어 비밀스런 이야기까지 털어놓도록 유도한다. 당신이 진지하게 경청하는 모습을 보여주면, 상대는 "당신에게 이렇게 말하다 보니 생각나는 게 있는데……."라거나 "당신에게 말하는 동안 문득 떠오른 게 있습니다."라고 말하곤 한다.

신뢰 관계가 구축되면 재정리가 있을 때마다 이후 상대의 말은 더욱 깊이와 진정성을 띠게 된다. 상대는 과거를 돌이켜보며 생각에 잠기고, 때로는 자신의 생각에서 헤어나지 못하기도 한다. 어떤 경우에는 이런 현상이 양쪽 모두에게 긍정적인 효과를 발휘하여 친밀한 관계를 만들기도 한다. 또한 상대는 당신에게 속내를 털어놓음으로써 자신에 대해 더 깊이 알고 자신의 생각을 더 정확히 파악하는 유익한 기회를 얻을 수도 있다. 이때 십중팔구 상대는 당신에게 "지난번에 당신에게 말했던 게 정말 큰 도움이 됐습니다."라고 생각을 전할 것이다.

그러나 지나치게 개인적인 비밀 이야기가 납품업자와 고객 사이에, 혹은 직장 동료 사이에 부적절하게 교환되는 경우가 많다. 상대가 이런 조짐을 보이면 신속하고 재치 있게 중단시키고 조심스레 화제를 돌려 본론으로 유도해야 한다. 조금만 신경 쓰면 이런 조짐은 얼마든지 일찌감치 알아

챌 수 있기 때문에 걱정할 것은 없다. 이런 경우를 맞닥뜨리면 "무척 개인적인 얘기를 하신 것 같습니다. 화제를 돌리는 게 어떻겠습니까?"라고 말하며 부드럽게 넘어가라.

때로는 상대가 자신의 비밀을 느닷없이 털어놓기도 한다. 하지만 상대는 당신을 전적으로 신뢰한다고 생각하기 때문에 그런 행동을 했다는 자체를 의식하지 못한다. 따라서 상대는 당신에게 비밀을 털어놓았다는 걸 나중에야 깨닫고 자신의 행동을 후회하고 부끄러워한다. 또한 자신의 신중하지 못한 행동을 걱정하며, 자신에 대해 너무 많은 것을 알게 된 당신을 부담스러워할 것이다. 그 결과로 때로 고객을 잃거나 적을 만들기도 한다.

따라서 상대가 마음의 문을 활짝 열고 지나치게 개인적인 비밀을 말하면, 상대가 방금 당신에게 어떤 얘기를 했는지 곧바로 명확히 전달하는 편이 낫다. 또한 당신과 상대가 정말 소중한 시간을 함께 나누었다고 인정하고, 상대가 그처럼 개인적인 비밀까지 당신에게 털어놓을 정도로 신뢰감을 보여준 것에 고맙다고 말해야 한다. 물론 당신의 신중한 성격을 믿어도 괜찮을 것이라고 상대를 안심시켜야 한다. 이렇게 하면 당신과 상대 사이에 거북한 관계가 형성되는 걸 피할 수 있고, 둘 사이에 싹트기 시작한 신뢰 관계를 더욱 공고히 할 수도 있다.

신중하지 못한 사람들의 철없는 행동에 경악할 때도 많다. 누구에게나 과할 정도로 친밀하게 자신에 대해 말하는 사람들이 있다. 이런 경우에는 당신의 경청이 그런 비밀스런 고백을 유도해 낸 것이 아니다. 따라서 상대가 신중하지 못한 사람인 경우에는 그들의 말에서 지나치게 개인적인 부분을 지적함으로써 당신은 그들이 어떤 사람에게나 모든 것을 무심하게 털어놓아서는 안 된다는 것을 깨닫게 해줄 필요가 있다. 그들의 신중하지 못한 행동은 심리적인 문제에서 비롯된 것일 가능성이 크다.

아무도 내 말에
귀를 기울이지 않는다

경청하는 법을 배우려고 강습회에 참석한 사람들은 주변 사람들에게 기대하는 만큼의 관심을 받지 못한다는 것을 알게 될 때 무척 실망하고 좌절한다. '모른다는 것을 의

식하는 단계'에서 학습자들은 경청에 관련해서 자신의 전
반적인 능력이 부족하기 이를 데 없다는 것을 처절하게 깨
닫는다. 자신의 주변에서, 심지어 텔레비전에서도 소통의
부족을 드러내는 온갖 증거들, 예컨대 경청의 중단, 타인의
감정에 대한 무관심, 습관처럼 나열되는 "그렇기는 하지만
나는…….", "그건 아니지만 나는…….", "내 생각도 비슷하
지만……." 등과 같은 독백들이 눈과 귀에 들어오기 시작한
다. 무척 불편하고 거북한 단계이지만 다행히 일시적이고
과도기적인 단계다. 이 단계에 들어선 사람들은 언젠가 자
신의 말이 경청되고 이해되기를 간절히 바란다.

자, 용기를 내라! 경청한다는 것은 관계의 격을 실질적
으로 높인다는 뜻이며, 무척 바람직한 행위다. 경청을 통해
자연스런 선별이 행해지고, 선택적인 인간이 된다고 해서
나쁠 것은 없다. 누가 자신에게 귀를 기울이지 않는 사람을
신뢰하고 속내를 털어놓겠는가? 사귈 만하지 않다고 판단
되면 멀어져갈 수밖에 없다. 소통의 부재는 참고 견디기 힘
들기 때문이다. 그럼에도 관계의 격을 높이고 싶은 새로운
사람들이 당신 주변에 나타날 것이고, 소통 능력이 조금씩
향상됨에 따라 당신은 양극단 사이에서 소중한 관계들을

안정되게 만들어 나갈 것이다.

당신이 경청하는 자세를 보임으로써 당신과 관계를 맺고 있는 가까운 사람들은 당신을 더욱 신뢰하며, 편안한 마음으로 당신과 더욱 확고한 관계를 구축할 수 있다. 당신의 경청에 마음이 여유로워진 그들의 '자아'가 결국에는 당신에게 여유로운 마음을 베풀 것이다. 이렇듯 신뢰의 분위기가 형성되고 당신이 바라던 친밀한 관계가 맺어짐으로써, 당신은 "미안하지만 내 이야기를 끝까지 들어주면 고맙겠습니다. 조언을 원하는 게 아닙니다. 그저 당신에게 말을 하고 싶을 뿐입니다. 내 말을 중간에 끊지 않고 끝까지 주의 깊게 들어줄 수 있겠습니까?"라고 요구할 수 있게 된다.

현실적으로 제기되는
어려운 문제들

상대의 말을 경청할 때는 극복하기 어려운 현실적인 문제들이 분명히 제기된다.

상대가 끼어들 여지를
허용하지 않는다

속사포처럼 쉴 새 없이 말을 쏟아내서 짤막하게 재정리할 여유조차 허용하지 않는 사람들이 있다. 이런 경우에는 상대의 존재를 인식시키기 위해서, 그들의 말을 어떻게든

Peder Severin Krøyer, ⟨At Lunch⟩, 1883, oil on canvas, 82×61cm, Skagens Museum

끊고 들어가서 억지로라도 재정리를 해야 한다. 당신이 기억할 수 있는 것보다 당신과 마주 보고 있는 사람이 더 많은 것을 말하지 않도록 주의하는 것도 당신의 책임이다.

말하는 사람과 듣는 사람 사이의 쌍방향 대화는 이렇게 조금씩 이루어진다. 듣는 사람이 주의 깊게 귀 기울여 듣고 있다는 걸 확인하면 말하는 사람도 좋아하기 마련이다. 일반적으로 이런 과정이 반복되면, 나중에는 말하는 사람이 자신이 말하는 걸 상대가 제대로 듣고 있는지 확인하려고 상대의 간섭(재정리)을 기대하게 될 것이다.

그러나 자신의 말을 누군가가 열심히 듣고 있는지 신경 쓰지 않는 사람, 즉 지극히 자기중심적인 사람도 당신 주변에 상당히 많을 것이다. 그들은 당신이 옆을 떠나도 개의치 않고 자기 말을 계속하는 유형이다. 이런 경우에는 당신이 어떤 식으로 노력한다고 해도 쌍방향 대화는 거의 불가능하다. 이런 유형의 사람들은 상대가 자신의 말을 이해했느냐 혹은 그렇지 않느냐에 거의 신경 쓰지 않기 때문에 한편으로는 당신이 별다른 위험 없이 재정리를 연습하기에 적합한 대상이라고 볼 수 있다.

뒤늦게
재정리를 한다

뒷북치듯 재정리를 하는 경우도 있다. 경청을 학습하는 초기 단계에 흔히 경험하는 어려움이다. 초보 운전자가 복잡한 도로에서 다른 차선으로 주춤거리며 재빨리 끼어들지 못하듯이, 경청을 학습하는 초보자들도 재정리의 순간을 제대로 포착하지 못하고 적절한 순간을 놓치는 경우가 많다. 이런 이유에서 그들의 재정리는 항상 조금씩 늦어진다.

상대의 말을 기억하려면 정신을 집중해야 하기 때문에, 초보자들은 상대에게 들은 단어들 중에서 재정리할 때 사용하고 싶은 단어들에 감정적으로 얽매일 수도 있다. 따라서 경청을 학습하는 초보자들은 이미 지나간 단어들을 포기하는 방법을 배워야 한다. 그래야 상대가 지금 하는 말에 귀를 기울일 수 있고, 쌍방향의 대화에 능숙하게 끼어들 수 있다. 이 학습 단계는 집중 훈련을 받은 후에야 시작되기 때문에, 재정리를 때맞춰 못했다고 실망할 것은 없다.

열심히 들으려는 모습을
상대가 눈치챈다

경청을 학습하는 초보자들은 대개 "열심히 들으려는 모습이 뻔히 눈에 보인다."라는 평가를 무척 부담스럽게 받아들인다.

첫째로 초보자들은 경청이라는 새로운 소통 방식을 의식적으로 시행할 수밖에 없기 때문에 상대에게 의식적으로 관심을 보이게 되지만, 현실에서는 이런 경우가 거의 없다.

둘째로 경청은 인간이 자기중심적이라는 사실을 망각한 것이다. 나는 나에게 가장 중요한 존재이기 때문에, 다른 사람이 내 말을 주의 깊게 들으며 나를 이해하려고 애쓰는 모습을 흡족하게 받아들이기 마련이다. 그런 모습을 보고 내가 화를 낼 이유가 어디에 있겠는가? 따라서 당신의 재정리가 특별히 어리숙하고 무분별한 게 아니라면, 상대가 불편하게 생각하거나 대화가 거북하게 전개될 염려는 없다.

그래도 온갖 유형의 대화 상대를 만날 수 있기 때문에 경청 능력을 조금이라도 향상시키려면 친구들과 미리 연습해 보는 것도 괜찮다. 물론 이때 친구들에게는 당신이 시도

하려는 경청 연습에 대해 미리 알려두는 편이 낫다. 그러면 친구들이 경청의 대상으로서 느낀 감정에 대해 당신에게 알려줄 것이고, 그 정보는 당신의 경청 학습에 큰 도움이 될 것이다.

재정리는 상대의 말을 그대로 옮기는 것이 아니다

　일부이지만 영리만을 추구하는 몇몇 강습회에서는 재정리를 무척 간략하게 가르치고 끝내버린다. 게다가 그런 장사꾼들은 양심의 가책도 받지 않는지 재정리를 인위적이고 기계적인 방식으로 가르친다. 하지만 이런 기계적인 재정리는 오히려 상대를 불쾌하게 만들기 쉽다.

　내가 주관하는 강습회에 참가한 사람들 중에도 이처럼 예전에 배운 영혼 없는 재정리 방법을 습관적으로 사용하는 사람이 많았다. 재정리라는 경청의 도구가 이렇듯 잘못 가르쳐지는 현상이 안타까울 따름이다. 그러나 서툰 사람이 망치로 벽에 못을 박는 대신에 손가락을 때렸다고 망치를 유해한 연장이라고 결론지을 수는 없다. 오히려 나는 진정성이 재정리라는 도구의 안전장치라고 말하고 싶다. 다시 말해서, 상대에게 어떤 관심도 없이 닫힌 마음으로 재정리라는 도구를 사용하면, 재정리는 어떤 효과도 발휘하지 못한다. 당연히 신뢰라는 분위기도 조성할 수 없다.

노파심에서 말하지만, 경찰이나 세관원 앞에서는 결코 재정리 기법을 사용하지 마라. 빈정거리는 건방진 태도로 오해받을 수 있기 때문에 자칫하면 그들을 적으로 만들 수 있다. 이처럼 적극적인 경청을 사용해서는 안 되는 경우도 있다.

내가 강습회에서 사용하는 경청 훈련 방법을 집에서 친구들과 함께 시도해 볼 수 있을 것이다. 주제로는 멋진 저녁 시간, 당신이 좋아하는 영화, 낱말 맞추기 등 재밌고 유쾌한 것을 선택하는 편이 좋다. 친구들이 고민하는 문제를 주제로 선택하지는 마라. 어려운 주제로 연습하기에는 아직 이르다. 재밌고 유쾌한 주제를 선택하면 다음과 같은 이점이 있다.

A는 즐겁게 말할 수 있는 주제, 다른 사람들에게 즐겁게 전해줄 수 있는 주제에 대해 말할 수 있게 된다.

B는 여기에서 배운 대로 적극적인 경청을 연습할 수 있다. B는 질문이나 설명을 덧붙이지 않고, 그저 듣고 재정리만 하면 된다.

C는 조용한 관찰자 역할을 맡는다. 지금쯤은 모두가 알겠지만, 관찰자는 '자아'를 억누르고, 연습이 끝날 때까지 자신의 의견을 제시해서는 안 된다.

적극적 경청을 처음 연습할 때는 상대가 말한 것을 그대로 반복하는 것으로 만족한다. 이렇게 하는 것도 쉽지 않다! 재밌게 연습해 보기 바란다. 의사소통은 원래 재밌고 다정다감한 것이다.

6장

경청의 방해물을
무력화시키는 방법

— 경청의 방해 요인

앞에서 살펴본 것처럼, 누군가 말을 할 때 듣는 사람의 가장 자연스러운 반응은 즉각적으로 상대의 말에 끼어드는 것이다. 그 말이 자신의 생각과 다르거나 놀랍게 받아들여질 때, 혹은 거북하게 느껴질 때 이런 간섭은 더욱 빨라진다. 하지만 반대편의 입장, 즉 말하는 사람은 말이 끊기는 것을 좋아하지 않을 뿐 아니라 상대가 자신의 말을 제대로 경청하지 않는다고도 생각한다.

질문과 가치 판단, 무의미한 논평과 충고는 말하는 사람의 생각을 방해하는 요인이어서, 대화 자체를 비생산적이고 지리멸렬하게 만들 수 있다. 이런 즉각적인 반응들은 지나치게 성급하게 끼어든다는 이유만으로도 올바른 경청을 방해하는 장해물이 되며, 더 나아가 상대를 이해하고 존중하는 마음까지 사라지게 만든다.

지금쯤 당신은 학습으로 얻은 것을 의식하는 단계에 들어섰고, 그 이후의 단계를 공부하고 있는 셈이다. 따라서 주변에서 벌어지는 경청의 결핍 현상, 다시 말하면 쌍방이 쓸데없이 상대의 말을 중간에 끊고 간섭하며 대화의 질을

떨어뜨리는 현상이 눈에 확연히 들어올 것이다. 서글픈 현상이지만, 우리가 살아가는 세계가 지금처럼 경직된 이유를 설명해 주기도 한다. 모두가 사막 한복판에서 자신의 목소리를 들어달라고 소리치며, 자신의 유일성을 인정받고 이해받고 싶은 욕구를 토해내지만, 어느 누구도 상대의 목소리를 들으려고 하지는 않는다.

경청의 방해 요인들은 크게 두 가지 역할을 한다.

첫째로는 우리가 대화의 주도권을 확보해서 우리 생각과 의견을 안전하게 지킬 수 있게 해준다.

누구나 인정하겠지만, 자신의 생각이 잘못된 것이라고 명백히 증명되었다고 하더라도 그것에 의문을 제기하며 그에 대한 믿음을 포기할 수밖에 없게 만드는 주장은 언제나 두렵다. 언젠가 나에게 심리 상담을 받던 한 고객은 "세상이 내가 믿는 모습이 아니라는 걸 알고 싶지 않아요!"라고 소리치기도 했다.

게다가 우리 사회는 감정적인 반응을 바람직하게 생각하지 않기 때문에 우리는 상대의 감정을 어떻게 받아들이고 대응해야 하는지 잘 모른다. 따라서 대화 상대가 분노나 두려움 혹은 좌절감을 쏟아낼 때 우리는 무척 불편하고 기분이 좋지 않다.[2] 이 때문에 그런 감정을 쏟아내는 사람들을 나무라게 된다.

둘째로 경청의 방해 요인들은 큰 힘을 들이지 않고 우리 '자아'를 쉽게 북돋울 수 있다.

우리의 자아는 상대의 눈앞에 자신을 내세우는 것을 좋아하고, 주인공 역할을 하며 상대의 주목을 받는 것을 즐긴다. 특히 우리의 자아는 상대보다 영리하고 현명하기 때문에 삶의 과정에서 어려움을 훨씬 더 능숙하게 극복할 수 있다고 확신하고 싶어 한다. 이런 이유에서 기회가 있을 때마다 우리의 자아는 대화 상대를 깎아내리려고 한다. 결국 경청의 중단은 일시적이지만 상대보다 우월하다는 행복감을 자아에게 주는 역할을 한다.

우리도 다른 사람들만큼이나 간악하고, 그들의 선택도 우리의 선택만큼이나 소중한 것이다. 그들도 우리처럼 자신들에게 주어진 것을 최대한 활용해서 살아갈 것이다. 우리가 이 땅에 태어난 이상 모든 면에서 그들과 똑같은 운명이고 우리의 삶도 그들의 삶과 크게 다르지 않다는 것을 받

---

2 Christel Petitcollin, *Émotions, mode d'emploi*, Éditions Jouvence, collection 《Pratiques》, 2003을 참조할 것.

아들이려면 강력한 내면의 힘, 즉 평온한 자아가 있어야 한다. 뱀의 혀를 놀리기 전에 상대의 입장을 헤아리는 너그러움이 있어야 한다는 뜻이다!

열등감에 빠지지 않고, 상대가 생각하고 행동하는 방법이 우리의 것보다 낮다고 겸손히 인정하기 위해서도 강력한 내면의 힘이 필요하다. 우리의 상대적인 무능력을 깨닫고 인정한다는 것은 배움을 위한 소중한 기회라는 점을 반드시 기억해야 한다. 상대가 표출한 감정을 차분하고 편견 없이 받아들이기 위해서도 확고부동한 내면의 힘이 필요하다. 따라서 경청 능력을 함양하려는 노력은 결국 자아의 힘을 키우려는 노력과 병행되어야 한다.

그렇다면 경청을 상습적으로 방해하는 것들은 무엇일까? 모든 요인을 나열할 수 없어 안타깝지만, 대표적인 요인들은 다음과 같다.

자꾸 끼어들고
싶어 하는 자아

상대의 말을
마무리한다

당신도 이미 경험했겠지만, 당신이 지금 말하고 있는 것을 짐작해서 당신을 대신해 그 말을 마무리 짓는 사람들이 무척 많다. 이런 행위가 무의식적인 습관이 되어, 많은 사람이 이런 행위를 예절에서 벗어난 무례한 행위라고도 생각하지 않는다.

'이미 말해진 것을 재정리하는 행위'와 '상대의 말을 대신 마무리 짓는 행위'를 혼동해서는 안 된다. 상대의 말을 경청하고 이해하려는 노력이 짐작하고 해석하는 행위, 수수

께끼 놀이를 뜻하는 것은 아니다.

상대의 말을 조용히 경청하는 대신 상대의 생각을 읽어 내려고 애쓰는 행위는 에너지를 쓸데없이 낭비하면서 동시에 상대에게 말을 빨리 하라는 간접적인 명령이기도 하다. 그러나 말하는 사람 입장에서는 말을 빨리 하면 생각이 분산되고 괜스레 쫓기는 것처럼 보일 수 있다.

언젠가 한 강습회에서 경청을 실습할 때 바느질에 대한 애정을 주제로 말하던 참가자가 있었다. 누구나 흔히 경험하는 현상으로, 그녀도 어떤 단어가 금세 생각나지 않는 듯 더듬거렸다. 나는 그녀가 적절한 단어를 찾아내기를 조용히 기다렸지만, 그녀와 함께 실습하던 조원들은 그녀가 곤경에 빠진 것이라 생각하며 비슷한 단어들을 그녀에게 쏟아내기 시작했다.

그녀는 두 가지 상반된 반응이 자신에게 미친 영향을 비교한 끝에 자신의 생각을 우리에게 말해주었다. 침묵을 유지하며 인내심을 보여준 내 반응에서는 안도감을 느끼며, 충분한 시간적 여유를 갖고 적절한 단어를 찾아도 괜찮다는 분명한 허락을 받은 기분이었다고 말했다. 반면에 다른 조원들은 그녀를 도우려는 적극적인 의지를 보였지만, 정작 그녀 자신은 그런 재촉에 긴장하지 않을 수 없었고, 적

Laurits Andersen Ring, ⟨Ung pige, der ser ud af et tagvindue⟩, 1885, oil on canvas, 33×29cm, Norway National Gallery

절한 단어를 지체 없이 찾아내지 못해 바보가 된 기분이었으며, 더 빨리 말하라는 암묵적인 압력을 분명히 느꼈다고 덧붙였다.

잘못된 부분을
바로잡는다

"브뤼노, 지난 수요일에 만났을 때 내가 깜빡 잊고 너한테 말하지 않았는데……."

"피에르, 지난번에 우리가 만난 날은 수요일이 아니라 목요일이었어!"

"그랬나? 그래, 목요일, 맞아! 그때 내가 너한테 말하려던 건…… 이런, 생각이 안 나네."

위의 대화에서 부적절한 부분을 찾아낼 수 있겠는가? 피에르의 말투? 그렇지 않다. 피에르는 결코 치매에 걸린 것이 아니다! 브뤼노의 간섭이 딴죽을 치는 것처럼 피에르의 생각의 흐름을 방해한 것이 문제였다. 위의 대화에서 잘못된 부분은 브뤼노의 반응이다.

위의 대화에서 정확한 요일이 중요한가? 요일은 조금도 중요하지 않다. 요일의 잘못이 지적되지 않았더라면 피에르는 자신의 생각을 원만하게 풀어냈을 것이다. 요일이 틀렸더라도 메시지의 핵심이 달라지지는 않았을 것이다. 따라서 간섭하고 나서지 않았더라면 브뤼노는 피에르가 그에게 하고 싶었던 말이 무엇인지 들었을 것이다.

상대의 말에서 잘못된 부분을 바로잡는 행위도 흔히 경청을 방해하는 주된 요인이다. 사소한 실수든 관점의 차이든 간에 논쟁이 그 부분에 집중되면 근본적인 문제에 대한 논의는 멀어진다. 대화가 그런 식으로 진행되면 대화 상대는 하고 싶은 말이 남아 있더라도 기분이 상해서 더는 자신의 생각을 표명하고 싶지 않을 것이다. 하지만 우리는 다른 사람의 결함을 지적하고, 그 잘못을 수정해 주는 데에서 쾌감을 느낀다. 이런 행위는 '자아'에 큰 만족감을 주며, 그 결과로 '자아'는 우월감에 젖는다. 상대의 잘못을 교정하는 간섭을 한 후 아주 짧은 시간 동안, 우리는 작은 기쁨을 만끽한다.

위의 대화를 예로 들면, 브뤼노는 피에르의 말을 경청하는 대신에 "야호! 난 날짜를 기억하는 데는 타고났어!"라고 생각할 것이다. 이 책을 읽는 당신도 비슷한 경험이 있지 않은가?

이미 알려진 사실이지만, 흥미롭게도 그 짧은 환희의 순간 동안 우리는 암시에 무척 민감해진다. 다시 말하면 쉽게 최면에 걸린다. 미국의 저명한 최면 치료사, 밀턴 에릭슨 Milton Erickson, 1901~1980은 말을 할 때 일부러 문법적 실수를 저질러서, 환자에게 그 잘못을 지적하게 함으로써 의사보다 더 교양 있는 사람이라는 즐거움을 누리게 해주었다. 그 효과로 그의 환자들은 우월감에 젖어 몇 마디를 듣지 않고 깊은 최면 상태에 빠져들었다.

언젠가 한 강습회에서 내가 이런 예를 언급하자, 한 참가자가 우리에게 다음과 같은 일화를 말해주었다. 정육점을 운영하는 그의 친구가 진열장에 "오늘, 영개poullet 특가 판매!"라고 쓴 쪽지를 내걸었다. 그날 정육점을 찾은 많은 손님이 "영개poullet가 아니고 영계poulet예요!"라며 철자의 오류를 지적했다. 정육점 주인은 "그렇군요. 제가 파는 영계들은 날개가 둘이거든요. 부드럽고 맛도 좋습니다. 몇 마리나 드릴까요?"라고 유쾌하게 응답했다. 물론 그날 그는 평소보다 훨씬 많은 닭을 팔았다!

　다른 강습회에서 이 일화를 말해주자, 한 참가자가 문득 홍미로운 일화가 생각났던지 전날 직접 겪었던 사건을 이야기해주었다. 그 참가자는 임시직 직업소개소에서 일하는 여성이었다. 그날 아침 창문에 게시된 많은 쪽지 중 하나에 맞춤법의 오류가 있었다. 정육점에서 그랬던 것처럼 그날 많은 사람이 철자의 오류를 구실로 직업소개소에 들어와서는 구직자로 등록했다. 그녀는 빙그레 웃으며 "그날 문을 닫는 시간까지 잠시도 쉬지 못했어요. 구직 등록을 받느라고 게시된 쪽지를 수정하지 못했을 정도였지요. 인간의 간사함을 간파한 날이기도 해요. 월요일에도 잘못된 철자를 수정하지 않을 생각이에요!"라고 말했다.

　한편 사기꾼들은 진실을 알아내려고 엉뚱한 말을 걸어오기도 한다.

　"위층에 새로 이사 오신 분인가요?"

　"아니에요. 난 이 아파트에 벌써 5년째 살고 있어요. 4층에 살아요."

　이런 대답을 듣고 사기꾼은 '좋은 정보를 줘서 고맙다.'라고 생각할 것이다.

앞에서 경고했듯이, 정확성을 기하며 상대의 잘못을 바로잡으려는 욕망 때문에 우리는 상대의 암시에 무방비 상태가 된다. 따라서 상대의 실수로 대화의 근본적인 틀이 바뀌지 않는다면 그 실수를 바로잡지 말고 그냥 모른 체하고 넘어가라.

기억을 되살린다

상대의 말에 옛 추억이 되살아나면 우리는 발언권을 되찾아오며 우리 자신의 이야기를 두서없이 털어놓는 경향이 있다.

"맞아요! 나도 그랬어요. 나도……."

경청을 방해하는 이 요인은 가장 짜증스러우면서도 가장 인간적인 요인이다.

이 요인은 대체로 다음과 같이 작동된다. 상대가 나에게 말하는 내용을 정확히 파악하려면 나는 그의 말에 해당되는 이미지를 머릿속에 그리며, 그 이미지를 내 경험에서 찾아내야 한다. 만약 상대가 의자나 식탁에 대해 말한다면, 나는 의자나 식탁에 대한 이미지를 머릿속에 그리며 그 뜻을 알아내야 한다. 따라서 상대가 '스머프'가 아니라 '스너프'나 '두머프'에 대해 말하면, 나는 그에 해당되는 이미지를 머릿속에 그릴 수 없기 때문에 그가 무엇에 대해 말하는지 이해하지 못한다.

구체적인 예를 들어보자. 나의 가장 친한 친구가 주말여행에서 돌아와서 환한 얼굴로 말한다.

"주말에 애인이랑 도빌에 다녀왔어!"

나는 어느 주말에 친구가 여행을 갔는지, 친구의 애인이 누구인지 알고 있다. 도빌이 정확히 어디에 있는지는 모르지만, 그곳의 사진을 보았기 때문에 도빌이 바닷가에 있다는 것은 알고 있다. 또한 다른 바닷가에 대해서도 그럭저럭 알고 있다. 따라서 나는 친구의 말을 이해할 수 있다.

이때 내가 경청의 규칙을 적용해서 "아! 이번 주말에 애인이랑 도빌에 갔었구나!"라고 간단히 응답하면, 친구는 자연스럽게 자기 이야기를 계속하게 된다.

"응, 정말 좋았어! 토요일 저녁, 우리는 맞은편에 해변이 보이는 식당에서 해산물을 배가 터지도록 먹었어. 정말 좋았어!"

그녀의 말을 내 머릿속에 그리기 위해서 나는 기억 창고를 다시 뒤적거리기 시작한다. 바닷가, 식당, 해산물, 분위기, 서로 마주치는 눈……. 이 과정에서 내 머릿속에 잠든 기억이 되살아난다. 카마레 항구에서 자크와 함께했던 낭만적인 저녁 시간. 바닷가의 요오드 냄새, 내가 좋아하는 맛있는 왕새우, 둘만의 대화, 다정한 목소리로 속삭이는 애정 표현, 둘만의 약속…….

내가 떠올리는 기억들이 감성적인 면을 띨수록 나는 친구의 말에 귀를 기울이기가 더 힘들어진다. 내 '자아'가 마음속에서 꿈틀거리는 그런 감정들을 밖으로 드러내려는 욕망을 억누르지 못한다. 친구의 말에 귀를 기울이며 재정리를 계속하려면 엄청난 억제력이 필요하다. 하지만 친구는 나의 내면의 갈등을 무시한 채 자신의 이야기를 계속한다.

"식사를 끝내고 우리는 바다를 맨발로 걸었어. 깜깜한 밤이었지만 정말 포근했어. 물도 따뜻했고. 그런데 물이 반짝거리더라고! 상상할 수 있겠어? 정말 이상했어. 정말 아름다웠어! 그런 밤바다를 처음 봤어!"

반짝이는 물이라고? 내가 그런 바다를 보았던가? 그것도

Henri Gervex, 〈Une soirée au Pré-Catelan〉, 1909, oil on canvas, 217×318cm, Musée Carnavalet

애인과 단둘이서? 그래, 나는 지중해에서 그런 밤바다를 보았어! 친구가 도빌에서 보낸 주말이 이제 무의미해진다. 나는 경청의 원칙을 잊고 흥분해서 소리친다.

"그래, 그게 뭔지 알아. 달빛에 플랑크톤이 반짝여서 바닷물이 형광으로 빛나는 거야! 나도 봤어, 여름에…… 지중해의 밤바다에서……."

바다에서 휴가를 보냈을 때의 모든 기억이 순식간에 내 머릿속을 지나간다. 따라서 내 친구는 자신의 멋진 주말에 대한 이야기를 나에게 끝까지 전해주지 못한다.

강습회에 참석한 한 여자도 비슷한 경험을 털어놓았다. 주말을 파리에서 보낸 그녀는 여행을 자랑하고 싶은 욕심에 돌아오자마자 어머니에게 전화를 걸었다. 하지만 그녀는 "이번 주말에 파리에 다녀왔어요."라고 말한 게 전부였고, 그 후로는 거의 30분 동안 어머니가 1953년 파리에서 지냈을 때의 추억 이야기를 묵묵히 들어야만 했다. 결국 그녀는 자신의 파리 여행에 대해서는 입도 벙긋하지 못한 채 실망해서 전화기를 내려놓아야 했다.

경청을 방해하는 또 하나의 비슷한 행동으로 주변에서 흔히 목격되는 현상이 있다. 자신의 불행을 구구절절 나열하며 상대의 불행을 설명하려는 행동이다. 당신이 결혼생

활의 어려움을 친구에게 털어놓으려고 하면, 첫마디가 떨어지기 무섭게 그 친구는 당신의 말을 끊고 자신이 겪은 이혼에 대해 이러쿵저러쿵 조언하며 "너도 알듯이 나도 이미 그런 어려움을 겪었어. 네가 어떤 심정인지 충분히 이해해!"라고 결론짓는다.

하지만 안타깝게도 위의 사례에서 언급된 어머니나 친구가 유난히 자기중심적인 사람인 것은 아니다. 분명히 말하지만, 우리는 모두가 자기중심적이다. 나는 나에게 가장 중요한 사람이기 때문에, 휴가에 대한 내 추억거리는 다른 사람의 추억거리보다 나에게 훨씬 더 흥미진진할 수밖에 없다. 마찬가지로 내 걱정거리가 다른 사람의 걱정거리보다 훨씬 더 중대하고 심각하다.

이런 이유에서 기회가 닿는 대로 우리는 상대에게 발언권을 빼앗아 우리 이야기를 해야 한다. 하지만 상대의 말을 중간에 끊지 않고 끝까지 들어주면 상대가 무척 즐거워하고 편안해한다는 것을 알고 있다.

물론 상대가 너그럽게 우리의 말을 중간에 끊지 않고 끝까지 들어주면 우리도 똑같은 정도로 즐겁고 마음이 편안할 것이다. 우리도 우리 경험을 상대에게 들려주려고 할 때 첫마디를 끝내기도 전에 상대가 우리의 말을 끊고 끼어들

어서 자신의 이야기를 늘어놓는 까닭에, 우리 이야기를 재
있게 풀어내는 즐거움을 포기하고 상대의 말을 얌전히 들
을 수밖에 없었던 끔찍한 경험에 얼마나 실망했던가!

우리가 이런 좌절과 실망을 경험한 이유는, 우리가 다른
사람에게도 똑같은 아픔을 감내하게 했기 때문이다. 따라
서 상대가 말을 하는 도중에 지중해변의 반짝거리는 밤바
다, 파리에서 보낸 주말여행, 가슴 아픈 이혼에 대한 당신
의 이야기를 상대에게 불쑥 내뱉기 전에 "이 친구가 이 문
제를 거론하기 전에 내가 이에 관련된 이야기를 말하려고
했던가? 지금 이 순간에 내 이야기가 정말 중요한 정보인
가?"라고 스스로 생각해 보라.

처음에는 당신도 모르게 "그래, 나도 그런 적이 있어. 나
는……." 하고 말했더라도 그런 습관이 당신의 경청을 방
해한다는 것을 깨닫는다면 얼굴이 붉어질 것이다. 따라서
그 후로는 온갖 수단을 동원해서 경청을 방해하는 요인들
을 차단하며 애초부터 간섭을 멀리하게 될 것이다. 설령 간
섭을 했더라도 곧 뉘우치고 "아이쿠, 미안해. 내 이야기를
하겠다고 네 말을 끊었구나. 그런데 네가 어디까지 말했냐
면……." 하며 대화의 끈을 상대에게 돌려주어야 한다. 그
뒤로 당신의 '자아'가 내면에서 소동을 피울지라도 상대의

말을 끊고 나서지는 않을 것이다. 이런 절제가 반복되면, 언젠가 당신은 상대의 말에 집중하며 당신만의 추억으로 마음을 어지럽히지 않을 것이고, 상대의 말에 간섭하지 않고 침묵하는 일이 힘겹다는 느낌도 없을 것이다.

호기심을
해결하려 한다

"새 애인을 어떻게 만난 거야? 직업이 뭐야?"

"새 애인은 어디에 살아? 자상한가?"

"옛 애인은 어떻게 지낸대? 괜찮게 헤어진 게 아닌가?"

"네가 먼저 헤어지자고 했던가?"

"옛 애인하고 헤어진 이유가 뭐야?"

내가 이렇게 질문을 퍼부었더라면, 내 친구는 도빌에서 보낸 주말여행에 대해 이야기할 여유를 갖지 못했을 것이다. 우리가 상대의 말을 끊고 상대는 관심도 없는 것을 말하도록 강요한다면, 상대가 원래 하고 싶었던 말이 뒷전으로 밀려나기 마련이다.

질문은 여성에게서 주로 나타나는 경청의 방해 요인이다. 강습회에서 보면, 경청하는 단계에서는 질문하지 말라는 금지 사항을 위반하는 여성이 상당히 많다. 여성들은 질문이 상대를 향한 관심의 증거라고 생각하며, 질문을 포기하지 않는다. 호기심과 관심을 혼동하는 탓에 빚어지는 결과다. 하지만 이들도 자신이 말을 할 때 상대가 경청하는 모습을 보이면, 말하는 동안 상대의 질문이 없었어도 전혀 아쉽지 않았으며, 오히려 상대가 자신의 말에 집중하는 느낌을 받았다고 인정한다. 결국 질문은 대화의 주도권을 쥐고 대화의 방향을 결정하려는 의식적인 욕구의 발현이라 할 수 있다.

질문을 해야 한다는 강박관념에서는 모호함을 어느 정도까지 용인해야 하느냐는 허용 한계가 읽혀진다. 다시 말하면, 상대가 우리를 어디로 끌고 가는지도 모른 채 상대에게 우리를 안내하도록 어느 정도까지 허용하고, 또 상대가 우리에게 전하려는 정보를 직접 선택하도록 어느 정도까지 허용해야 하느냐는 것이다. 그런데 우리가 질문의 형식을 빌려 알아내려는 정보가, 대화를 계속하다 보면 자연스레 우리에게 전해지는 경우가 많다. 따라서 조용히 상대의 다음 말을 기다리며, 상대가 자신의 이야기를 자연스레 풀어가도록 내버려두는 편이 더 나을 수 있다. 설령 당신이 기다리는 정보를 상대가 말하지 않더라도, 당신이 상대의 말을 이해하는 데 그 정보가 반드시 필요했는지 생각해 볼 수 있다. 그 정보가 없어 상대의 말을 제대로 이해하지 못했는가? 대부분의 경우에 그렇지는 않았을 것이다.

강습회에서 한 여성 참가자가 시골에 있는 작은 별장을 주제로 말했다. 그녀는 그 별장을 정말 좋아했던지, 별장에 대한 묘사를 하는데 귀로만 들어도 아름답기 그지없었다. 그녀는 제라늄을 떠올리기 시작했다. 창문턱과 발코니 등 모든 곳을 제라늄으로 장식해 두었고, 그렇게 해야 방문객들을 따뜻하게 반겨주는 것이라 여겼다. 조원들의 조용한 경청에 고무된 그녀는 거실의 벽난로로 화제를 바꾸었다. 내면의 세계에 완전히 푹 빠진 그녀가 꿈꾸듯이 나지막한 목소리로 벽난로에 불을 지피면 별장의 심장이 두근대기 시작하고 별장 전체가 숨을 쉬는 듯한 느낌을 받는다고 말했다. 모든 조원이 그 이야기의 매력에 푹 빠져서 정말로 살아서 숨을 쉬는 듯한 별장의 벽난로 앞에 앉아 활활 타오

José Ferraz de Almeida Júnior, ⟨Reading⟩, 1892, oil on canvas, 95×141cm, Pinacoteca do Estado de São Paulo

르는 불길에 두 손을 내밀고 있는 기분이었다. 경청 연습이 부족했던 한 사람을 제외하고! 그는 다른 조원들처럼 별장에 들어오지 못하고 밖에서 서성댔다. 그는 그녀의 말을 머릿속에 실감 나게 그려보려고 그 별장이 시골에 있는지, 또 주변의 땅이 비탈졌는지 평평한지 정확히 알고 싶었을 것이다. 그런 것들을 모르고는 눈을 감고 별장 안으로 들어갈 수 없었을 것이다.

다행히 그는 주변 분위기에 억눌려 질문을 밖으로 내뱉지는 않았다. 나중에야 깨달았겠지만, 그가 질문을 했더라면 그녀의 말은 딴 곳으로 탈선하고 말았을 것이다. 그의 질문에 대답하려고 그녀는 별장이 있는 마을의 삶, 조용하고 평온한 시골, 또 별장을 지을 때 쌓아올린 흙 등에 대해 언급하지 않을 수 없었을 것이다. 그랬더라면 생명체처럼 호흡하며 심장이 두근대는 별장은 존재할 여지가 없었을 것이다. 요컨대 질문은 우리가 진실로 어떤 사람인지 솔직하게 말하는 것을 방해한다.

개인적인 조언이나
해결책을 제시한다

많은 사람이 '~하기만 하면 된다', '내가 당신의 입장이라면'이라며 충고와 조언을 아끼지 않지만, 희한하게도 그런 조언은 다른 사람들에게만 효과를 발휘하는 듯하다. 그들은 특정한 사람의 불행을 치유하는 방법을 알고 있다고 자신에게 최면을 걸며 스스로 마음의 위안을 얻지만, 다른 사람에게 근거 없는 해결책을 제시함으로써 자신도 불행에서 벗어나고 싶다는 욕망을 드러낼 뿐이다.

질문을 하며 경청을 중단하는 행위가 여성적 특징이라면, 조언하며 경청을 중단하는 행위는 남성적 특징이라고 할 수 있다.

누군가 우리에게 넋두리를 늘어놓으면 우리는 괜스레 그 불행에 책임이 있다고 느끼며, 그가 우리에게 그 문제를 해결해 달라고 부탁한 것이라 착각한다. 따라서 우리는 그의 문제를 합리적으로 분석하며 해결책을 제시한다. 그러나 우리가 제시하는 해결책은 상식적인 수준을 넘지 못해 상대를 짜증이나 나게 하기 십상이다. 자신의 걱정거리를 털어놓는 사람이 우리에게 반드시 '훌륭한 조언'을 바라는 것은 아니기 때문이다. 그는 단순히 자신에게 닥친 어려움을 한탄하거나 자신의 문제를 토로하며, 우리에게 공감과 인간적인 위로를 기대한 것에 불과하다. 게다가 대부분의 경우, 힘든 시기가 지나가면 그는 해결책을 스스로 그럭저럭 찾아낸다.

한편으로 우리는 남들에게 듣기에 좋은 많은 조언을 하지만, 정작 우리 자신은 그런 훌륭한 조언의 4분의 1도 제대로 지키지 않는다.

"피곤하면 일찍 자라!"

"비타민을 꼬박꼬박 먹어라!"

"일을 좀 줄이고 쉬어라!"

"네가 없어서는 안 될 사람이라고 생각하지 마라!"

당신은 상대에게 이렇게 조언하겠지만, 당신도 이렇게 행동하는지 돌이켜봐라. 최근에 누군가에게 이런 식으로 말한 적이 없는가? 피곤하다고 투덜대는 이유가 순전히 쉬기를 바라는 마음인가, 아니면 당신이 성취한 결과를 상대가 알아주기를 바라는 마음인가?

우리의 충고는 자기중심적인 작은 세계의 경험에서 비롯된 것이기 때문에 위험할 정도로 주관적이다. A와 B라는 두 친구가 이혼 문제에 대해 대화하는 경우를 상상해 보자. A가 남편 때문에 일시적으로 겪는 어려움에 대해 불평을 늘어놓는다. 하지만 평소에 그녀는 남편을 무척 사랑한다. A의 친구인 B는 얼마 전에 이혼한 까닭에 자신의 선택을 옹호하고, 그 선택이 올바른 결정이었다는 것을 변명하기 위해서라도 A에게 이혼을 진지하게 고려해 보라고 충고할 가능성이 크다.

따라서 충고하고 조언하는 사람은 상대의 "그렇기는 하지만"이라는 끝없는 반발에 부딪치기 마련이다. 상대가 자신의 말을 경청하지 않고 조언을 늘어놓는다면 우리는 "그렇기는 하지만"이라고 하며 뒤에 덧붙이는 말로 모든 조언을 은근히 거부한다.

"그렇기는 하지만 나한테는 그럴 만한 돈이 없어."

"그렇기는 하지만 그 친구는 절대 동의하지 않을 거야."

"그렇기는 하지만 그 방법은 제대로 먹힐 것 같지 않아. 왜냐하면……."[3]

어려움에 처한 친구를 진정으로 돕고 싶다면, 충고나 조

---

3 Christel Petitcollin, *Victime, bourrau sauveur,* Éditions Jouvence, collection 《Pratiques》, 2006을 참조할 것.

언보다 훨씬 효과적이면서도 간단한 방법이 있다. 시간을 할애해서 그의 말을 조용히 들어주며, 그의 말을 틈틈이 재정리하는 것이다. 그가 푸념을 끝냈다는 확신이 들면, 더 구체적으로 말해서 그가 자신의 고민을 언어로 표현하게 한다. 그런 뒤 당신이 그 고민을 조용히 들어줌으로써 그의 마음이 상당히 진정되었다는 확신이 들면, "네 문제를 해결하는 방법으로 어떤 것이 있다고 생각해?"라고 조심스레 묻는다. 그가 제시하는 해결책에 대해 어떤 가치 판단도 내리지 않고, "그러니까 내가 제대로 이해했다면, 네가 생각하는 해결책은……"이라는 식으로 단순히 재정리하며 그에게 다시 검토할 기회를 준다.

놀랍겠지만, 이렇게 대화를 진행하면 그렇지 않았을 경우에 당신이 제시했을지도 모를 '좋은 조언'들을 그가 이미 혼자서 생각해 두었다는 것을 확인할 수 있을 것이다. 결국 그에게 필요했던 것은 자신의 말을 조용히 들어줄 상대였다. 우리가 어떤 상황에 있더라도 그 상황을 명확히 파악하려면 그 상황을 말로 표현하는 과정이 반드시 필요하기 때문이다. 해결책의 경우도 마찬가지다. 언어로 표현될 때 해결책도 조금씩 다듬어져 간다.

지극히 예외적이지만, 상대가 자신의 문제를 해결할 방법을 도무지 찾아낼 수 없다고 하소연하는 경우에는 다음과 같은 원인을 생각해 볼 수 있다.

- 당신이 상대의 말을 충분히 경청하지 않아 그가 자신의 어려움을 말로 완전히 풀어내지 못한 경우다. 따라서 그가 여전히 감정적으로 격한 상태에 있으며, 객관성을 되찾지 못했을 가능성이 크다. 그의 말을 다시 경청하는 수밖에 없다.
- 개인적인 이유로 상대가 어떤 해결책도 뚜렷하게 제시하지 못하는 경우다. 이런 유형의 사람들에게 "다소 터무니없더라도 그 문제에 대한 어떤 해결책이 있다면, 그것이 무엇이겠습니까?"라고 물으면 그들의 대답은 상당히 모범적이다. 예컨대 "이혼하는 것이겠죠!", "사표를 쓰고 다른 직장을 찾는 겁니다!", 혹은 "독립하겠다고 부모님에게 말해야 할 겁니다!" 등등이다. 하지만 그들 자신의 경우에 적용할 때는 결론이 완전히 달라진다. 대부분은 이렇게 말할 것이다. "하지만 나는 아직 그럴 준비가 돼 있지 않습니다!"
- 상대가 "그렇기는 하지만"이라며 변명을 늘어놓는 유

형인 경우다. 엄격히 말하면, 그는 당면한 상황에서 벗
어나고 싶지 않다.

　상대가 해결책을 찾아내지 못하는 이유가 무엇이든 간에
당신은 그의 어깨에 손을 가만히 얹으며 다음과 같이 상대
를 편안하게 해주면 된다. "너무나 갑작스레 닥친 일이어서
네가 아직 마음을 다잡지 못한 것 같아. 시간이 좀 지나면
적당한 해결책이 자연스레 생각날 거야."

상대에 대한
과소평가

내뱉은 말은 상대방의 가슴속에 수십 년 동안 화살처럼 꽂혀 있다 _ 롱펠로

이번에는 대화 상대를 무시하고 과소평가하려는 성향이
경청을 방해하는 경우에 대해서 살펴보자.

상대를 깎아내리거나
상대의 말을 부정한다

"기껏 생각한 게 그거야?", "과장하지 마!", "말도 안 돼,
그렇지 않아!". 당신이 어떤 말을 했을 때 이런 대꾸를 들
어본 적이 있는가? 그때 기분이 어땠는가? 그렇다. 기분이

별로 좋지 않다. 어려움에 빠진 사람에게 이런 식으로 말하는 게 무슨 도움이 되겠는가? 어려움을 힘들게 고백한 사람에게 정말 필요한 것을 생각해 보자. 메타 양상에서 상대의 입장을 조금이라도 헤아리며, 상대의 말에 감추어진 문제점을 신중하게 헤아리는 게 중요하다.

부부를 함께 상담할 때 눈에 띄는 전형적인 현상이 있다. 한쪽이 자신의 느낌이나 생각을 표현하는데, 배우자는 그 점을 한사코 인정하지 않는다는 것이다.

"남편이 조금도 애정이 없는 것 같아요. 나한테 조금의 관심도 없다고요."

"전혀 그렇지 않습니다. 집사람은 그냥 항상 나를 통제하고 싶어 합니다. 나한테 항상 이렇게 해라, 저렇게 해라 잔소리를 해댑니다."

"아니에요! 오히려 남편이⋯⋯."

위의 대화에 담긴 메시지를 요약하면 "당신이 지금처럼 생각하는 건 잘못된 것이다. 당신이 그런 느낌을 받았다면 그런 느낌은 더더욱 잘못된 것이다."라는 것이다. 누구나 자신이 옳고 상대가 틀렸다고 확신하며, 그렇게 인정받고 싶어 한다. 누구에게나 고유한 세계가 있고 각자의 행동 방식이 있기 때문에 서로 다른 세계가 한 울타리에서 공존할 수 있다는 것을 인정하려면 상당한 시간이 필요하다.

물론 상대가 감정에 사로잡힌 상태에서 객관성이 결여된 채로 과장되게 말하는 경우도 많다. 하지만 상대가 가슴에 맺힌 울분을 몽땅 털어내면 과장이 저절로 줄어들고, 스스로 객관성을 되찾는다.

상대가 불만의 대상으로 삼은 사람을 옹호하는 것도 상대의 말을 부인하는 것만큼이나 경청을 방해할 뿐 아니라, 상대를 화나게 한다.

"그 사람은 불쌍한 사람이야. 네가 이해해 줘야지!"

"네가 그 여자에게 너무 가혹한 짓을 한 거야! 그녀는 자기 나름대로 최선을 다했어! 너도 잘 알겠지만, 그 여자가 얼마나 어렵게 살고 있니."

교류 분석에서 이러한 옹호는 '변호사 놀이'로 불린다. 객관성이란 미명 아래, 공격받는 사람을 철저하게 옹호하기 때문이다. 그러나 당신의 '자아'는 상대에게 잔인하고 아량이 없는 사람이란 딱지를 붙이고, 자신은 아량과 친절의 표본으로 여겨지게 하려고 애쓴다. 이런 가치가 부여된 자아는 용서할 수 없는 사람을 옹호하고 용납할 수 없는 사람에게 관용을 베풀어야 한다는 것을 이해하지 못한다. 게다가 상대가 속내를 털어놓으려고 애쓰는데, 그 불만의 대상을 옹호하는 것은 상대에게 도리어 상처를 주고 죄의식까지 안겨준다.

가치 판단을
한다

우리는 묵묵히 경청하지 않고, 걸핏하면 도덕군자처럼 비판자와 심판자 역할을 하고 나선다. 게다가 누구나 인정하는 도덕적 가치라는 이름으로, 또 예의범절과 관습이란 이름으로 심판을 내린다. 따라서 상대는 열등한 존재로 무시되고 평가받는다고 느낀다.

자동차 뒷좌석에 손가방을 두고 내리는 바람에 도둑을 맞은 한 젊은 여성을 상담한 적이 있다. 즉시 분실 신고를 한 덕분에 은행 신용카드와 신분증 문제는 금세 해결되었지만, 그녀는 소중한 수첩을 잃어버렸다는 충격에서 쉽게

José Ferraz de Almeida Júnior, 〈Saudade〉, 1899, oil on canvas, 197×101cm, Pinacoteca do Estado de São Paulo

헤어나지 못했다. 그 두툼한 수첩에는 그녀가 지난 10년 동안 개인적으로나 직업적인 이유로 가졌던 약속들, 즉 그녀가 결코 잊어서는 안 될 모든 약속이 빠짐없이 기록되어 있었다. 그녀는 그 기록을 따로 복사해 두지 않은 것을 후회하며 "10년간 내가 어떻게 살았는지 담아낸 수첩이었어요! 내 삶에서 10년이 순식간에 날아간 거예요!"라고 한탄했다. 그녀는 순간의 실수로 수첩을 잃어버려 가슴이 아리고 아팠다. 게다가 주변 사람들의 반응에 그녀는 더더욱 슬펐다. 모두가 이른바 '교훈'을 들먹이며 "멍청하게 자동차 뒷좌석에 손가방을 두고 내리다니! 자동차 안에 소중한 물건을 두지 말아야 한다는 건 누구나 알잖아!"라고 나무랐다.

그녀는 가족이나 주변의 친구 등 누구에게도 위안을 받지 못했다. 그들의 나무람이 그녀의 가슴에 남긴 수치심과 죄의식은 생살이 드러난 상처에 뿌려진 소금과도 같았다. 그녀에게 필요한 것은 그저 자신의 하소연을 조용히 들어주고 이해해 줄 만한 사람이었다. 그래야 마음의 평온을 되찾을 것 같았다. 그렇게라도 그녀는 수첩의 장례식을 치르고 싶었다.

그녀에게 훈계를 늘어놓은 사람들의 삶을 살펴보면 무척 흥미로울 것이다. 그들은 왜 그녀에게 훈계를 늘어놓았을까? 그들은 평생 작은 잘못이나 실수를 범한 적이 한 번도 없을까?

가치 판단은 재정리에도 은밀하게 영향을 미칠 수 있다. 이처럼 재정리의 형식을 띤 가치 판단은 쉽게 드러나지도 않는 데다 상대가 우리를 신뢰하는 분위기에 슬그머니 끼어들기 때문에 결국에는 상대에게 더 큰 상처를 남긴다.

"다이어트는 정말 어렵습니다!"

"당신이 다이어트를 제대로 못하고 있다는 뜻이군요."

부탁하건대, 상대의 말을 곡해하지 않도록 항상 조심해서 말하라!

물론 인종 차별, 성차별, 종교 차별적인 냄새를 풍기는 발언은 듣는 사람의 감정을 상하게 할 수 있다. 이처럼 섬뜩한 발언에도 지금까지 배운 경청의 원칙을 반드시 지킬 필요는 없다. 거듭 말하지만, 경청은 자유의지로 수긍하고 선택하는 것이어야 한다.

그럼에도 상대를 훈계하는 건 무익한 짓이다. 앞서 소통의 양상에 대해 살펴보면서 "역선전은 오히려 원래의 믿음을 강화할 뿐이다."라는 사실을 확인했다. 따라서 당신이 상대에게 사고방식이 잘못되었다고 말할수록 상대는 자신의 생각이 옳다고 확신하게 된다. 또한 상대의 가치관을 비판하며 상대에게 수치심을 느끼게 하면, 상대는 당신에게 앙심을 품고 당신의 의견에 반대할 것이다.

이런 이유에서 상대의 말에 대해 가치 판단을 내리는 건 무익한 짓이다. 상대에게 당신의 생각은 다르기 때문에 의견을 지지할 수 없다며, 화제를 바꾸자고 조심스레 말하는 편이 낫다. 당신이 심판자 노릇을 하며 상대의 발언을 평가하면, 상대는 그런 평가를 빌미로 당신을 원망하게 될 것이다. 하지만 이 말이 우리가 세상 사람들 모두와 사이좋게 지내야 한다는 의미는 아니다.

지적 능력을 과시하며 진단을 내린다

"네가 수첩을 도둑맞은 건 일을 하고 싶지 않은 욕망을 무의식적으로 드러낸 거야!"

"네가 국수를 다시 먹는 건 애정결핍에 시달리고 있다는 뜻이야!"

"내가 다시 일을 해야 한다고 말하는 이유가 뭐야? 더 이상 양육비를 내고 싶지 않아서 그런 거야?"

즉흥적인 분석으로 근본적인 원인과 감추어진 이유, 어떤 상황에 대한 숨겨진 동기 등을 무작정 폭로함으로써 우리는 상대를 놀라게 하고, 심지어 두려움이나 수치심까지 안겨준다. 경청을 방해하는 이 요인은 심리학의 대중화에서 비롯된 섣부른 일반화의 폐해다. 심리학이 대중화된 이후로 누구나 그럴싸한 이론을 바탕으로 어떤 상황 이면에 감추어진 원인을 진단하는 세상이 된 것이다.

우리의 행동을 단호하게 해석하는 목소리를 주변에서 들을 때마다 우리는 도무지 빠져나올 수 없는 구멍에 갇힌 듯한 기분이다. 어찌어찌 그 구멍에서 빠져나오더라도 완전히 발가벗겨진 기분이다. 예를 들면, 도둑이 제 발 저리는 법이라며, 변명하는 목소리가 높아질수록 그 사람이 잘못을 저질렀을 가능성이 크다고 떠벌린다. 반대로 우리가 어떤 변명이나 해명도 하지 않을 때는, 상대는 세상을 통달한 듯한 태도를 취하면서 "누구도 나에게 설명하지 않지만 그 일이 어떻게 벌어진 것인지 나는 훤히 알고 있어."라고 말하듯 음험한 미소를 짓는다.

따라서 당신의 심리를 습관적으로 분석하는 사람들이 주변에 있다면, 스스로 당신 자신을 지키는 수밖에 없다. 상대가 당신의 심리를 섣불리 분석하면, "심리 분석을 원한 게 아닙니다."라거나 "당신은 그렇게 해석하는군요."라고 담담히 대답하라.

당신에게도 상대의 심리를 분석하려는 경향이 있다면, 상대의 행위에서 무의식적인 동기를 무작정 부인하지 말고, 허심탄회하게 상대와 이야기를 나누는 게 중요하다. 상대에게 "거기에 심리적인 원인이 있다고 생각하십니까?"라고 묻는다. 이때 상대가 "아니요. 감기에 걸려서 그런 것일 뿐이에요.", 혹은 "아니요. 실수를 한 것뿐이에요. 누구나 실수하잖아요."라고 대답하면 그 대답을 존중하는 게 중요하다.

감정 이입의
거부

경청을 방해하는 마지막 요인은 감정에 대한 두려움과 관계가 있다. 우리 자신의 감정이든 상대의 감정이든 감정의 늪에 빠지는 걸 피하기 위해서 우리가 동원하는 모든 수단이 경청을 방해한다.

감정 이입의 거부는 비교적 최근에 등장한 개념이다. 과거에는 직업적으로 울어주는 사람까지 있었다. 이 사람의 역할은 슬픔에 빠진 사람들이 마음껏 눈물을 흘리며 슬픔을 토로할 수 있도록 도와주는 것이었다. 하지만 요즘에는 분노와 짜증, 슬픔과 두려움 등 감정의 표출은 일반적으로 바람직하게 여겨지지 않을뿐더러 몰상식한 짓이라고 손가락질 받기 십상이다.

하지만 우리는 감정을 겉으로 표출해야 마음이 진정된다

는 것을 잘 알고 있다. 말의 기능은 단순히 정보를 다른 사람에게 전달하는 것만이 아니다. 말은 마음속에서 꿈틀대는 감정을 밖으로 표현하고 싶은 욕구의 표출이기도 하다. 가령 내가 얼마나 지긋지긋해하고 얼마나 슬프며 얼마나 실망했는지 말할 수 있다면, 게다가 누군가 내 감정의 토로를 왜곡하거나 곡해하지 않고 그대로 받아들여준다면, 그래서 내가 내 말 때문에 심판 받지도 않고 죄의식도 느끼지 않는다면, 나는 마음속에 쌓인 감정을 뱉어내는 즉시 마음이 편안해질 것이다. 그러나 감정이 담긴 말에 대한 반응은 감정의 표출을 독려하는 대신에 감정의 흐름을 억제하는 역할을 한다.

우리가 지금까지 경청을 방해하는 요인으로 살펴보았던 조언과 가치 판단, 곤경의 부정도 궁극적으로는 당면한 문제를 부인하며 감정의 덫에서 벗어나기 위한 방법들이다. 그러나 대화 상대가 이론의 여지가 없을 정도로 힘겹고 고통스런 상황에 처해 있기 때문에 이런 방법들이 어떤 효과도 발휘할 수 없는 경우가 있다. 따라서 감정이 분명히 표출되는 상황에서도 감정의 존재 자체를 부인하는 사태가 벌어진다.

좋은 게 좋다는 식으로
문제를 덮어버린다

"너무 심각하게 생각하지 마십시오."

"별것 아닙니다. 무시해 버리세요."

"진정하세요……."

우리는 이런 말로 상대를 진정시키고 싶어 하지만, 이런 말들은 상대의 문제와 고통을 부정하는 것에 불과하다. 안타깝게도 우리 삶에서 가장 힘들 때 우리는 가장 어리석은 말을 듣는 셈이다. 우리는 이런 형식적이고 진부한 말에 담긴 무책임함과 어리석음을 의식하지 못한 채 이 잔혹하고 무익한 말을 상대에게 위로 삼아 던져야 한다고 생각한다.

"그 사람은 별로 힘들지 않게 죽었어."

"그래도 시간은 흘러."

"사람이 죽지 않아 다행이야."

"그저 물건인데, 뭘."

"더 나쁠 수도 있었어."

"너보다 훨씬 큰 아픔은 겪은 사람이 많아."

"굶어 죽은 사람들을 생각해 봐!"

Christian Krohg, 〈Charles Lundh in converstion with Krohg〉, 1883, 35.5×29cm, Skagens Museum

인간적인 선의에서 경청을 방해하는 요인들도 있지만, 위의 말들은 몰인정하고 잔인하게 들린다. 나는 지난 12년 동안 경청에 대한 강습회를 진행하며, 곤경에 빠진 사람들에게 가해지는 어리석고 잔인한 말들을 숱하게 들었다. 곤경에 처한 사람들은 이미 크게 낙심해서 상대의 잔인한 말에 반박할 기력도 없다. 분노를 터뜨릴 힘조차 없기 때문에 그처럼 어리석고 무책임한 말에도 멍하니 있을 수밖에 없다. 급작스런 죽음으로 갓난아이를 잃은 부모가 들었던 이야기는 그야말로 등골이 섬뜩할 정도다. 사람들이 아이를 잃은 부모를 위로하겠다고 저지르는 실수는 끔찍할 지경이었다.

"그럴 수가! 태어난 지 3개월밖에 안 되었는데⋯⋯. 그래도 그 아이에게 애정을 베풀 시간이 짧았던 게 천만다행이야. 3년이나 4년이 지난 후에 아이를 잃었다면 훨씬 힘들었을 거야!"

"다시 아이를 가지면 되잖아!"

"개라도 키우면 좀 낫지 않을까?"

안타깝게도 이런 말들이 거의 공식처럼 쓰이지만, 당사자들에게는 잔혹하기 이를 데 없이 들릴 것이라는 데에는 모두가 동의한다. 하지만 희한하게도 이처럼 무익한 말이

비극적인 상황에서 여전히 사용되고 있다. 우리 자신도 이런 상황을 겪은 적이 있지만, 이처럼 무익하고 잔혹한 말을 상대에게 불쑥 내뱉었다는 사실을 기억하는 사람은 거의 없다. 당신도 이런 적이 없었는지 돌이켜 생각해 보라.

경청에 대한 주제로 진행된 강습회에서, 누군가 자신의 고통스런 사건을 털어놓는 시간을 가진 후에 문제 해결을 위한 방법을 모색하면 다음과 같은 질문들이 제기된다.

"이제 어떻게 해야 하는가? 어떻게 해야 곤경에 빠진 사람을 도와줄 수 있을까? 심신이 무너진 사람, 그런 어려움을 겪은 사람에게 무엇이라 위로의 말을 건네야 할까?"

냉정하게 말하면, 아무것도 하지 말아야 한다. 그야말로 지금까지 배운 침묵하는 방법을 써먹어야 할 때다. 아무 말도 하지 않아야 한다. 굳이 말해야 한다면 다음과 같은 정도로 끝내야 한다.

"그래, 정말 힘들 거야."

"내가 곁에 있을게. 나한테 의지해도 돼."

"뭐든 필요하면 말해."

"무슨 말이든 하고 싶으면 말해. 내가 들어줄게."

특히 이 요인 때문에 경청을 방해받고 싶지 않다면, 감정의 토로를 두려워해서는 안 된다. 감정은 우리 삶의 일부다. 영화를 보며 인공적인 삶을 살지 말고, 당신의 삶에서 얼마든지 찾아낼 수 있는 진정한 삶과 함께하라. 주변 사람들이 마음껏 전율하고 슬퍼하며 울게 내버려두라. 그런 이웃들에게서 등을 돌리지 마라.

자신의 관점을
제시한다

경험을 방해하는 마지막 요인으로는 의사소통이란 톱니바퀴를 정지시키는 행위가 있다. 구체적으로 말하면, 상대의 말을 중간에 끊고 들어가 당신의 관점을 제시하는 행위다. 상대가 자신의 생각을 완전히 펼쳐내기 전에 그의 말을 중단시키고 당신의 생각을 전개하는 행위는, 결국 당신이 옳다는 것을 주장하고 싶은 당신의 '자아'에서 비롯된다. 이런 이유에서 당신과 대화를 나누는 상대는 방어막을 높이 세우게 된다. 따라서 상대도 당신의 의견을 경청하지 않으면서 뻔한 반론이라 생각할 것이다.

언젠가 내가 의사에게 진료를 받을 때다. 그때 의사의 책상에 놓여 있던 전화벨이 울렸다. 의사가 수화기를 들었다. 반대편에 있는 사람이 무엇이라 말하는지는 알 수 없었지만, 순간순간 전해져 오는 목소리로 판단하건대 여자인 게 분명했다. 헐떡거리고 날카로운 말투로 보아 그녀는 심리적으로 상당한 불안감에 사로잡혀 있는 듯했다. 의사는 상대의 말을 끊고 "내가 처방해 준 약을 남편에게 먹이십시오."라고 말했다. 하지만 그녀는 무언가 똑같은 말을 되풀이했다. 물론 그녀가 뭐라고 말하는지 내 귀에 정확히 들리지는 않았지만, 말투의 높낮이가 조금 전과 비슷하다는 것을 분명히 인식할 수 있었다. 들쑥날쑥한 속도, 고음의 억양, 똑같은 불안감……. 의사는 여자의 말을 끊고 쌀쌀맞게 다시 말했다. "내가 처방해 준 약을 남편에게 먹이십시오." 여자는 다시 똑같은 메시지를 의사에게 전하려고 애썼고, 의사는 다시 그녀의 말을 끊고 "내가 처방해 준 약을 남편에게 먹이십시오."라고 단호히 말했다. 그러고는 전화를 끊었다.

이런 대화는 양쪽 모두에게 시간을 낭비했다는 기분을

안겨주고 실망감을 불러일으키는 전형적인 대화다. 의사는 '불안감에 이성을 완전히 잃은 멍청한 여자야!'라고 생각했을 것이고, 여자는 불안감을 가슴에서 지워내지 못했을 것이다.

그러나 의사가 처음부터 "당신이 불안해하는 이유를 짐작하겠습니다."라고 재정리한 후에 "내가 처방해 준 약을 남편에게 먹이면 괜찮아질 겁니다."라고 말했다면, 두 문장만으로 문제가 완벽하게 해결되고 두 사람 모두 만족할 만한 결과를 얻었을 것이다.

어떤 의사는 "환자의 비밀을 보장해야 하는 의무는 어떻게 하고요? 그때 당신이 그의 진료실에 있지 않았습니까!"라고 반박할지도 모르겠다. 환자의 이름과 증상을 언급하지 않으면 그 비밀을 준수한 것이 아닐까? 게다가 병명도 전혀 밝혀질 상황이 아니었다.

따라서 소통의 기본 원칙을 다시 정리하면 이렇다.

"상대의 말을 완벽하게 재정리한 후에야 당신 의견을 제시하라!"

이제 당신은 무엇이 경청을 방해하는지 알게 되었다. 또한 이처럼 경청을 방해하는 요인들을 습관적으로 행하는 사람과 대화를 할 때마다 불만과 불쾌감을 느낀 이유도 알게 되었다. 물론 당신의 반응에서 상대도 똑같은 불쾌감을 느꼈을 가능성이 크다.

이 책을 읽어가는 과정에서 당신은 경청에 대한 무지함을 깨달았을 것이고, 당신이 여기에서 제시된 경청의 방해 요인들을 수없이 저질렀다는 것도 인정할 수밖에 없을 것이다. 그렇다고 실망하거나 놀랄 것은 없다. 이런 깨달음 자체가 중요하다. 이제부터라도 다른 식으로 소통하려고 노력하면, 다시 말해서 상대의 말을 주의 깊게 경청하려고 집중한다면 경청을 방해하는 요인들이 조금씩 힘을 잃어갈 것이다. 지금까지 당신은 입을 닫고 귀를 여는 방법을 배웠다. 이제부터 눈과 몸으로 경청하는 방법을 배워보자. 그러면 경청에 필요한 모든 능력을 갖추게 된다.

7장

듣기의 모든 수단을
동원한다, 우리를 위해

— 비언어적 경청

의사소통의 본질은 언어적 차원에 있지 않다! 누구나 이 말에 직관적으로 동의할 것이다. 인간관계에서 우리는 말로만이 아니라 말로 표현되지 않는 것까지, 즉 전반적인 자세를 통해 전달되는 메시지를 상대와 주고받으며 소통한다. 대체로 말로 표현되지 않는 것이 더 중요한 편이다. 예컨대 우정을 약속하더라도 구체적인 행동이 뒤따르지 않으면 우정을 약속한다는 것이 무슨 가치가 있겠는가? 언어로 표현된 말이 행동으로 증명되지 않으면 말은 의미를 상실한다.

우리는 언어로만 말하는 것이 아니다. 우리 몸도 말한다. 몸은 자세와 손짓 및 시선으로 말한다. 물론 목소리와 음색, 속도와 억양으로도 말한다. 심지어 말을 더듬대는 것에도 의미가 있다. 이런 현상을 통틀어 '비언어적 표현'이라 칭한다. 하지만 이와 관련된 모든 요인을 면밀하게 관찰하기 힘들기 때문에 우리는 이 부분을 거의 의식하지 않으며 소통한다. 우리는 상대와 소통할 때 의식적인 방법만이 아니라 무의식적인 방법까지, 즉 언어적인 수단과 비언어적인 수단 모두를 동원한다.

우리가 받아들여야 할 소통의 마지막 원칙은 "소통의 질을 결정하는 것은 무의식적인 차원이다."라는 것이다.

사회심리학자 자크 살로메Jacques Salomé는 이 원칙을 "당신이란 존재 자체가 너무 크게 말해서, 당신이 입으로 말하는 것이 더 이상 내 귀에는 들리지 않는다."라고 미학적으로 표현해 냈다. 몸은 거짓말을 하지 않는다. 우리가 입으로만 말한다고 생각하겠지만, 몸도 자기 나름으로 말을 한다.

지금까지 살펴본 언어적 경청에 더해서, 비언어적 경청을 습득하는 법을 살펴보며 이 책을 마무리 지으려고 한다. 비언어적 경청은 대화 상대의 진정성에 대한 소중한 정보를 우리에게 전해주기 때문이다.

눈으로
듣기

비언어적 경청은 일단 관찰로 행해진다. 일반적으로 우리는 개인적인 사색과 해석에 먼저 신경을 쓰기 때문에 관찰이라는 능력을 덜 사용하는 편이다. 이런 이유에서 관찰과 해석을 명확히 구분하는 법부터 배워야 한다. 거듭 말하지만, 우리는 관찰보다 해석에 더 치중하는 편이다. 따라서 경청을 위한 강습회에서도 해석과 관찰을 명확히 구분할 수 있도록, 나는 참가자들에게 다음과 같은 연습을 해보라고 권한다. 앞에서 제시한 연습과 마찬가지로 이 연습도 친구들과 재밌게 해낼 수 있을 것이다.

A는 해석이나 관찰의 도우미 역할을 한다. A는 아무 말도 하지 않는다. 감정의 상태에 따라 다른 자세를 취하거나

몸짓을 하거나 표정을 짓는다. 물론 자신의 판단에 따라 꼼짝하지 않을 수도 있다. 강습회에서는 이런 역할을 맡은 사람을 짓궂게 '명목상 최고위직'이라 칭한다.

B는 관찰자의 역할을 한다. 따라서 B는 눈에 보이는 모습을 묘사할 뿐, 어떤 해석도 하지 않아야 한다. '약간', '조금', '무척'이란 단어는 사용이 금지된다. '미소 짓다'나 '한숨짓다' 같은 단어 사용도 금지된다. 면밀히 관찰했다면 당연히 다음과 같이 말할 수 있어야 한다.

"샹탈(A)이 머리를 오른쪽으로 45도 기울인다. 샹탈이 오른쪽 다리를 왼쪽 다리 위로 올리며 포갠다. 이제 샹탈은 숨을 들이마시고 내쉰다. 입술의 양쪽 끝이 귀를 향해 올라간다……."

C는 해석자 역할을 한다. 그러나 신중하게 해석해야 한다. 상대에게 마음의 상처를 주지 않는 방향으로 해석하도록 주의해야 한다. 연습을 시작하기 전에 해석은 전적으로 그에게 주어진 하나의 역할일 뿐 원칙적으로 완전히 잘못된 해석이라는 것을 모두에게 분명히 알려야 한다. 또한 그의 해석이 맞다는 것을 입증하려는 시도는 금지된다. 상대의 생각을 읽어내는 해석은 어떤 경우에도 의사소통으로 여겨질 수 없다! 이런 조건들이 제대로 지켜지면 연습은 무

척 재밌게 진행될 수 있고, C는 마음껏 창의력을 발휘할 수 있을 것이다. 한마디로 C는 해석하지만, 자신의 해석이 객관적 증거에 근거함을 주장하는 것은 금지된다. 이 해석은 주관적이다. 위에서 묘사된 샹탈의 경우를 예로 들면 다음과 같은 해석이 시도될 수 있을 것이다.

"샹탈은 이 연습이 어느 방향으로 진행될까 궁금하다. 그런 궁금증에 샹탈은 짜증 나고 미칠 것만 같다. 그래서 짜증 섞인 한숨을 내쉬지만, 결국 그 상황을 즐긴다."

D는 B와 같은 관찰자이지만, B가 해석으로 일탈하거나 C가 객관적인 사실을 근거로 자신의 해석을 증명하려고 할 때 "쉿!" 하고 짤막하게 신호를 보내는 역할을 할 뿐, 거의 침묵을 지킨다는 점에서 B와 다르다.

이 연습을 통해 얻은 교훈은, 순전히 관찰에만 집중하는 게 어마어마하게 어렵고, 해석을 좋아하는 사람도 객관적인 증거로 자신의 해석을 정당화하지 못하면 거북함을 느끼게 된다는 것이다. 이 연습을 통해 우리는 해석과 관찰을 구분하고, 궁극적으로는 자신의 해석을 경계하는 법을 배우게 된다.

나는 몸짓 언어를 일률적으로 해석하는 것을 달갑게 생

각하지 않는다. 두 팔을 교차하면 이런 뜻이고, 코를 긁적이면 저런 뜻이며……. 이런 해석은 지적 능력을 과시하며 심리학적 추론을 들먹이고 거만하게 진단하는 경우와 마찬가지로 경청을 방해하는 요인이다. "넌 고개를 숙였어. 그러니까 이런 뜻일 거야……."라고 그저 단정 짓는 것과 무슨 차이가 있겠는가?

신경언어 프로그래밍에서는 "여자가 다리를 꼬고 앉는다면 ……이기 때문이다."라는 식으로 말한다. 그런데 우리는 한 사람 한 사람이 다르다. 어떻게 어떤 사람의 행동이 다른 사람에게도 똑같은 의미를 지니겠는가? 행동한 사람에게 그 행동이 무슨 뜻이냐고 물어보면 간단히 해결되는데 왜 이런 도움을 받지 않고 굳이 혼자 짐작하는가? 아주 자연스럽게 물어보지 못할 이유가 어디에 있는가?

"죄송하지만 방금 눈살을 찌푸리는 걸 봤습니다.(관찰) 무슨 문제가 있습니까?(해석의 요구)"

"아니요, 아무런 문제도 없습니다. 당신이 나에게 한 말을 곰곰이 생각해 보고 있었던 것입니다. 무척 흥미롭군요. 그리고……."

그렇다. 위의 예에서 상대가 눈살을 찌푸리는 걸 보고 당신은 상대가 걱정에 사로잡힌 거라고 지레짐작했지만 실제로는 그렇지 않았다. 오히려 상대는 당신의 말을 집중해서 듣고 생각하느라 눈살을 찌푸렸다.

마찬가지로, 상대가 불안한 표정으로 주변을 초조하게 둘러보는 모습을 보았다고 해보자. 그 모습에 대해 당신이 그를 괴롭혔다거나 그가 신경과민일 거라고 섣불리 결론짓지 말고, 자연스레 묻는 편이 낫다.

"저 때문에 난처해진 겁니까? 다른 약속이 있는 건가요? 혹시 저에게 물어볼 게 있거나 지적하고 싶은 사항이라도 있나요?"

"아닙니다. 혹시 이 근처에 화장실이 있을까요?"

질문하면 얼마나 간단하게 궁금증이 해결되는가? 누구나 생리적인 욕구로 고민할 수 있고, 그 욕구를 해결하면 마음의 여유를 되찾는다. 질문해서 문제가 해결되면, 대화가 쓸데없는 오해로 끊어지지 않고 차분하게 다시 시작될 수 있다.

해석이라는 못된 습관을 버렸으면 눈을 크게 뜨고 관찰에 집중하라. 관찰은 두 차원에서 이루어진다.

첫째, '거시적 관찰macro-observation'에서는 다음과 같은 점에 주목해야 한다.

- 몸 : 자세, 몸짓, 걸음걸이 등
- 목소리 : 어조, 속도, 음량, 말투, 망설임 등
- 호흡 : 가쁜 호흡 ─ 중간 호흡 ─ 낮은 호흡, 빠른 호흡 ─
  느린 호흡 등

둘째, '미시적 관찰micro-observation'에서는 얼굴 표정의 미세한 움직임에 집중해야 한다.

- 근육의 움직임 : 아래턱의 긴장 정도, 눈가의 주름, 눈썹의
  찌푸림 등
- 입의 움직임 : 벌린 입, 꼭 다문 입, 비죽거림, 미소 등
- 얼굴색 : 불그스레한 얼굴, 핏기가 없는 창백한 얼굴 등
- 눈동자의 움직임 : 눈동자가 움직일 때는 뭔가 생각하고
  있다는 의미이므로 조용히 기다린다.

거시적인 행동은 대체로 의식되지만, 미시적인 행동은 일반적으로 거의 의식되지 않는다. 미시적인 행동은 무의식적인 차원에서 자동적으로 행해지기 때문이다. 이런 이유에서 세심한 관찰자는 미시적인 행동에서 많은 정보를 읽어낸다.

몸으로
듣기

두 사람이 대화를 나눌 때는 언어로만 이야기를 나누는 게 아니라, 그들의 몸도 서로 소통하며 메시지를 주고받는 다. 다음과 같은 장면을 가정해 보자.

한 여인이 소파에 걸터앉아 몸을 웅크린 채 눈물을 흘리 고 있다. 얼굴 표정에서도 슬픔과 고통이 읽혀진다. 그런 그녀가 들릴 듯 말 듯한 목소리로 띄엄띄엄 친구에게 속내 를 털어놓는다. 친구는 같은 소파에 편히 앉아 두 다리를 쭉 뻗고 두 손에 뒷머리를 괸 채 느긋한 표정으로 상대의 말을 정확하고 막힘없이 재정리한다.

"그래, 남편이랑 이혼해서 앞으로 아이들을 데리고 어떻 게 살아가야 할지 모르겠단 말이지. 아이들에게 아빠와 이 혼했다는 말을 어떻게 전해야 할지도 모르겠고."

어떤 장면인지 머릿속에 그려지는가? 이런 상황을 어떻게 생각하는가? 그렇다. 친구가 상대의 말을 정확히 재정리하고는 있지만 신뢰 관계가 형성되기에는 턱없이 부족한 상황이다. 요컨대 청각적 경청만이 존재할 뿐이다. 신뢰 관계가 몸으로도 전해져야 하지만, 친구의 느긋한 몸짓에서는 연민이 전혀 읽혀지지 않는다.

이번에는 친구가 쾌활하고 힘찬 어조로 상대의 말을 재정리한다고 가정해 보자. 이런 경우에 친구의 재정리는 그야말로 몰상식하고 불쾌하게 여겨질 것이다. 높은 수준의 신뢰 관계를 형성하려면 목소리(준언어적 표현)와 몸(비언어적 표현)도 분위기에 맞추어져야 한다. 이른바 '동조화'라는 것이다.

동조화

'동조화synchronisation'는 상대가 언어적, 비언어적으로 자신의 생각을 표현하는 방법을 살펴보고 우리도 똑같은 방식으로 생각과 감정을 표현함으로써 상대와 긴밀하게 소통하는 데 목적이 있다. 동조화를 통해 우리는 상대마다 다른 소통 방식에 자신을 맞춤으로써 그들과 긍정적인 관계를 형성하고 유지할 수 있다. 게다가 우리가 상대에게 호감을 느낄 때는 동조화가 자연스레 이루어진다.

　서로 신뢰하는 두 사람을 관찰해 보자. 그들의 자세가 상당히 유사하고, 얼굴 표정도 거의 똑같을 것이다. 또한 손짓과 몸짓도 맞아떨어지고, 한쪽이 미소를 지으면 상대도 뒤따라 미소를 짓는다……. 두 몸이 완벽한 조화를 이루며 침묵의 춤을 추는 것처럼 보인다. 의사소통에서 비언어적인 부분에 관심을 기울이며 의식적, 자발적으로 동조화를 시도할 때도 이처럼 조화롭고 편안한 관계를 얼마든지 형성할 수 있다.

경청 강습회에서 신뢰 형성을 연습하기 위해 이 단계를 추가적으로 실시하면 주저하며 망설이는 사람이 적지 않다. 어떻게 생각하면 잘 모르는 사람의 몸짓과 손짓을 몰래 흉내 내야 한다는 뜻이므로, 근거 없이 조작된 신문 기사와 다를 바가 없다는 비판을 받게 될 수도 있다. 하지만 들여다보면 전혀 그렇지 않다.

여기서 심리 조종자들의 소통법을 잠시 살펴보자. 그들은 비언어적 표현을 빈번하게 사용하지만 상대와 진심으로 동조하기 위한 목적은 아니다. 정반대로 그들은 상대에게 불안감을 조장하려고 비언어적 표현을 사용한다. 그들의 준準언어적이고 비언어적인 표현은 언어적 표현과 겉돌고, 심지어는 모순되기도 한다.

그들은 상대를 이해하려고 애쓰며 귀를 기울이는 척하지만, 실제로는 상대를 빈정대고 무시할 뿐이다. 무척 강렬한 비언어적 표현을 사용하지만 진심이 담기지 않은 것이다. 어깨를 으쓱하거나 한숨을 내쉬고, 하늘을 쳐다보며 상대를 이해한다는 메시지를 보내지만 어떤 책임감도 없는 거짓된 몸짓에 불과하다. 상대가 혼자 그렇게 착각하는 것일 뿐이다! 심리 조종자들은 "당신은 유머 감각도 없습니까?" 라며 모욕적인 말을 농담조로 말하는 재주가 있다. 또한 그들은 상대를 사랑한다고 말하면서도 혐오의 눈빛을 번뜩이고, "나를 겁내지 않으면 좋겠습니다."라는 부드러운 말투로 은근히 위협한다.

반면에 공감 능력을 전혀 지니지 못한 사람들이 있다. 상대가 감정적인 상태에 빠져들수록 그들은 더욱더 냉담하게 변한다. 그들은 상대가 감정의 덫에 빠져 몸부림치는 걸 냉담하게 바라볼 뿐, 위로의 말을 한마디도 건네지 않는다.

이렇듯 심리 조종은 소통과 전혀 다른 것이어서, 신뢰 형성에 어떤 도움도 주지 못한다. 심리 조종자는 상대와 진정으로 동조하며, 상대의 말을 적극적으로 재정리하는 데 시간을 할애할 사람이 아니다.

그럼 이제부터 비언어적인 신뢰 관계를 어떻게 구축할수 있는지에 대해 살펴보자.

Peder Severin Krøyer, 〈Interior of a Tavern〉, 1886, oil on canvas, 85.7×114.3cm, Philadelphia Museum of Art

태도와 몸짓에
동조하라

상대의 태도를 면밀히 관찰하고 똑같이 흉내 내라. 상대의 몸짓과 손짓, 머리의 움직임, 얼굴 표정을 유심히 관찰한 다음, 당신이 말을 할 때 똑같이 해보라. 물론 약간의 변화를 시도해도 상관없다. 당신의 몸에서 다른 부분으로 상대의 몸짓을 유사하게 흉내 내는 방법이다. 예컨대 상대가 다리를 꼬면 당신은 팔짱을 끼고, 상대가 손가락으로 의자의 팔걸이를 두드리면 당신은 발을 똑같은 속도로 흔들어대는 식이다.

물론 상대가 눈치를 채지 못하도록 해야 한다. 요컨대 상대를 흉내 내는 것이 중요한 게 아니라, 상대의 독특한 몸짓과 손짓을 파악하는 게 중요하다.

목소리에
동조하라

누구에게나 고유한 목소리가 있다. 속도와 음량 및 음색이 제각각이다. 당신 목소리를 상대의 목소리에 동조시키려면, 상대의 목소리가 가진 고유한 특징을 파악해서 흉내 내야 한다. 만약 상대가 당신보다 느리게 말한다면, 당신도 말하는 속도를 늦추어야 한다. 또 상대가 크게 말하면 당신도 음량을 높여야 한다. 그러나 상대가 두서없이 중얼거리나 더듬거리며 말한다고 해서 당신까지 더듬거리거나 중얼거릴 필요는 없다.

앞의 경우와 마찬가지로, 중요한 것은 상대를 똑같이 흉내 내는 게 아니라 비언어적인 표현에서 상대의 감정 상태에 동조하는 것이다.

감정에
동조하라

정신 상태는 곧 감정 상태를 뜻한다. 달리 말하면, 상대의 '기분'을 뜻한다. 열정적인 사람에게는 열정적으로 말하고, 상대가 사무적으로 말하면 당신도 사무적인 말투를 철저하게 유지하라. 또 상대가 긴장을 푼 모습을 보이면 당신도 허물없이 편안하게 말하려고 애쓰라.

호흡에
동조하라

감정 상태는 호흡의 속도와 높낮이 및 호흡 기관(쇄골, 가슴, 복부)의 움직임으로도 나타난다. 상대의 호흡에 동조한다는 것은 상대의 감정 상태를 정확히 파악했다는 뜻이다. 호흡의 동조는 무척 자연스런 과정이어서, 호흡에 곤란을 겪는 사람을 상대할 때 자신도 숨을 헐떡거리기 시작하는 경우가 많다. 이런 이유에서 코를 고는 사람 옆에서 잠을 자기가 힘든 것이다. 구체적으로 말하면, 코 고는 사람의 호흡 리듬이 자신의 호흡 리듬에 영향을 미치며 그 리듬을 망가뜨리기 때문이다.

동조화는 두 방향에서 일어난다. 당신이 상대의 비언어적 표현을 일정한 기간 동안 흉내 낸 뒤 신뢰 관계가 성립되면, 그다음에는 당신을 향한 동조화가 자연스레 시작된다. 그런 변화는 신뢰 관계가 확실히 성립되었다는 신호다.

언젠가 동조화를 연습할 때, 나는 만년필을 신경질적으로 만지작거리는 사람의 움직임을 흉내 낸 적이 있었다. 그는 만년필로 탁자 위와 아래를 두서없이 두드렸고, 만년필을 이리저리 굴리기도 했다. 그런 행동을 흉내 내는 과정에서 나는 상대의 긴장을 분명히 인식할 수 있었고, 그 느낌이 그다지 편하지 않았다.

꽤 시간이 지난 후, 나는 가슴이 답답한 상태에서 벗어나려고 한숨을 내쉰 후에 내 만년필을 탁자 위에 조용히 올려놓았다. 그래도 내가 그를 경청하는 자세를 멈추지 않았기 때문에, 곧바로 그도 자신의 만년필을 탁자 위에 내려놓았다. 내 침착한 자세가 그에게도 전해진 것이었다.

이처럼 쌍방향의 동조화 가능성을 사용함으로써 우리는 상대가 안정을 되찾는 데에 도움을 줄 수 있다. 상대의 불규칙한 호흡에 먼저 동조하고, 둘 사이에 신뢰 관계가 성립되면 당신의 호흡 속도를 조금씩 늦추어라. 그럼 상대도 자연스레 호흡하는 속도를 늦출 것이고, 결국에는 그의 호흡 속도가 무의식적으로 당신의 호흡 속도를 따라오며 조금씩 안정을 되찾을 것이다. 반대로 상대는 감정적으로 격한 상태에 있는데, 당신이 처음부터 지나치게 안정된 모습을 보이면 오히려 상대의 상태를 악화시킬 가능성이 크다.

일관성과
진정성

말은 행동의 거울이다_솔론

어떤 사람이 진정성 있게 보인다는 것은 그의 언어적 표현과 비언어적 표현이 완벽하게 맞아떨어지며 동일한 메시지를 전달하고 있다는 뜻이다. 몸짓은 언어적 표현을 강조하고 돋보이게 한다. 말과 행동이 일치하며 진정성과 영향력을 지닌 사람들은 호감과 친근감을 유발한다.

반면에 구체적으로 말할 수는 없지만 상대를 불편하게 만드는 재주를 지닌 사람들도 있다. 이런 사람들은 어떤 상황에서나 반론을 제기하는 습관이 있다. 의사소통의 대부분은 무의식적 차원에서 인식되고 이해된다. 그렇기 때문에 눈앞에서 어떤 일이 벌어지고 있는지 의식적으로 정확히 파악하기는 힘들다. 의사소통 과정에서 어딘지 모르게 거북한 감정이 발생하는 것은 상대가 보내는 메시지의 비

논리성에서 비롯된다.

동조화 덕분에 우리는 상대의 진정성을 그럭저럭 판단할 수 있다. 상대의 행동을 관찰해서, 상대의 메시지에 담긴 진정성과 적합성을 확인할 수 있기 때문이다. 하지만 메시지 자체에 대해 가치 판단을 내리려고 해서는 안 된다. 예컨대 당신이 판단하기에 상대가 잘못된 말을 하더라도 대화 과정에서 그가 할 수 있는 말을 하는 것이고, 설령 그가 거짓말하는 것처럼 보이더라도 그 또한 자신도 의식하지 못한 채 거짓말하는 것이란 사실을 기억해야 한다.

결론

이제 당신은 높은 수준의 경청을 실행하며 주변 사람들과 건전하고 따뜻한 관계를 형성하는 데 필요한 모든 능력을 갖추었다.

하지만 소통의 도구들도 사용하지 않으면 녹슨다는 사실을 명심해야 한다. 강습회에 참석한 사람들은 강습을 끝내면 의사소통에 필요한 모든 도구를 배운 것을 기뻐하고 그 기법의 타당성을 확신하며, 소통의 달인이 되겠다는 부푼 꿈을 안고 강습회장을 떠난다. 하지만 다시 삶의 파도에 휩쓸리면 우리는 잘못된 소통 습관을 반복하며, 강습회에서 배운 소통의 도구들은 까맣게 잊어먹는다. 그래도 강습하는 과정에서 바람직한 소통에 필요한 약간의 능력이 몸에 배고, 소통을 방해하는 몇몇 요인들이 약화된다. 그러나 강습을 받은 후에 집중적인 실천이 뒤따르지 않으면 효과를 기대하기 힘들 것이다. 소통의 도구들은 완전히 습득해서 매일 연습해야 그 가치가 있다.

따라서 이 책을 가장 효과적으로 읽어가는 몇 가지 방법을 소개하면 다음과 같다.

이 책을 항상 옆에 두고서 참조하고, 틈나는 대로 읽어라. 이 책은 틈틈이 읽을 때마다 새로운 것을 배우도록 안내할 것이다. 이 책에는 다양한 정보와 보충적인 정보가 담겨 있다. 처음에는 당신의 호기심을 당기는 새로운 정보들, 구체적으로 말하면 얼핏 생각해도 가장 중요하게 여겨지는 방법들을 집중적으로 공부하라. 다음번에 읽을 때는 앞서 공부한 방법들은 이미 체득했을 것이기 때문에, 처음에는 큰 관심을 기울이지 않았던 새로운 정보들에 자연스레 눈길이 갈 것이다. 이런 식으로 조금씩 경청의 방법을 정복해 가면 된다.

이 책을 다시 읽을 때마다 당신은 경청의 힘을 깨달으면서 경청에 대한 동기 부여를 받게 될 것이다.

하나하나의 방법을 개별적으로 선택해서 매일 연습하라. 이 책에서 제시된 모든 방법을 동시에 실천하기는 처음에 무척 어려울 것이다. 비유하자면, 처음부터 열두 개의 공으로 저글링을 배우려는 것과 같다. 처음에는 하나씩 차근차근 연습하라. 그 후에 두 가지 방법을 동시에 시도해 보고, 다시 또 하나의 방법을 더해 보라. 요컨대 처음에는 하나씩 개별적으로 연습한 후에 앞에서 연습한 방법들 중 하나, 다음에는 둘, 셋과 결합해서 연습하라. 이렇게 계속할 때 당신은 사용하는 방법을 의식하는 단계에 있게 될 것이다. 경청은 소통에서 경이로운 결과를 낳기 때문에, 당신은 주변에서 일어나는 모든 일에 기꺼이 관심을 쏟을 것이다. 당신이 사랑하는 사람들에 대해서도 마찬가지다. 당신이 사랑하는 사람이라면 그런 관심을 받을 자격이 있지 않겠는가?

경청을 연습하는 구체적인 방법 중 하나를 소개하면 다음과 같다.

월요일

- 2장 '경청은 잠자는 왕자를 깨운다 — 경청의 기본적인 원칙'을 다시 읽는다.
- 관찰자의 위치(메타 양상)에서 침묵을 유지하는 법을 연습한다.
- 주변 사람들이 소통하는 법을 관찰한다. 관심을 받고 싶어 하는 그들의 '자아'가 어떻게 기능하는지 면밀히 관찰한다.
- 두꺼비 안에 잠자고 있는 왕자, 즉 행동 뒤에 감추어진 긍정적인 의도를 생각해 본다.
- 대화 상대의 세계관이 무엇인지 상상해 본다. 대화 상대가 우선시하고 중요하게 여기는 가치가 무엇일까?

화요일

- 3장 '경청은 거품의 상호 작용이다 — 소통의 여러 양상'

을 다시 읽는다.

- 대화 상대를 지켜보며 어떤 소통 양상을 나타내는지, 그가 자신의 세계관을 다른 사람들에게 투영하는 방법은 무엇인지 알아내는 것도 흥미롭다.
- 나의 세계관을 옹호하고 지킨다. 삶을 살아가는 데 나에게 중요한 것은 무엇인가? 어떻게 하면 내 '자아'를 우선적으로 배려할 수 있을까?
- 3장에서 소개한 연습 방법을 자발적인 친구들과 직접 연습해 본다.

수요일

- 5장 '경청의 신, 침묵─적극적 경청'을 다시 읽는다.
- 계획대로 하루 종일 듣고 재정리하는 데만 열중한다. 다른 사람들의 세계를 여행하는 하루로 삼는다.

목요일

- 6장 '경청의 방해물을 무력화시키는 방법―경청의 방해 요인'을 다시 읽는다.

- 일상 대화에서 주변 사람들이 어떤 방해 요인들을 가지고 있는지를 관찰한다. 텔레비전에 출연한 사람들이 상대의 말을 어떻게 끊고 들어가서 자기 말을 하는지 관찰하며 경청하는 법을 훈련하고 연습한다.

- 나는 어떻게 대화하는지를 돌이켜본다. 내 경우에는 경청을 습관적으로 방해하는 요인이 무엇인가? 이번 주에 내가 사람들과 대화하며 저질렀던 '경청의 방해 요인'으로는 무엇이 있을까?

금요일

- 7장 '듣기의 모든 수단을 동원한다, 우리를 위해―비언어적 경청'을 다시 읽는다.

- 주변 사람들의 자세와 몸짓 및 표정 등 비언어적 표현을 집중적으로 관찰한다.
- 주변 사람들의 언어적 표현과 비언어적 표현이 어떤 경우에 일치하고, 어떤 경우에 일치하지 않는지를 관찰한다. 텔레비전 음량을 최소치로 하고, 출연자들의 비언어적 표현을 집중적으로 관찰하면서 비언어적 표현을 관찰하는 일에 익숙해진다.
- 모든 대화 상대와 적어도 부분적으로 동조해 보려고 시도한다.

토요일

- 1장 '우리는 모두 듣기 장애에 걸려 있다―경청 학습의 네 단계'를 다시 읽고, 책 전체를 개략적으로 신속하게 읽는다.
- 이번 주에 연습한 것들을 전체적으로 되짚어본다. 자

기비판적 관점에서 검토하지만 가치 판단을 내리지는 않는다. 경청에 필요한 어떤 능력을 완전히 몸에 익혔는가? 어떤 부분에서 경청을 잘해내고 있는가? 자신과 상대에 대해서, 더 나아가 일반적인 소통에 대해서 무엇을 배우고 깨달았는가? 이번 주에 경청을 연습하며 어떤 부분이 부족하다는 사실을 알게 되었는가?

• 이런 결과를 바탕으로 다음 주에 시도할 새로운 학습 프로그램을 구상한다.

일요일

• 휴식!

제시한 일주일 프로그램은 집중적인 프로그램이다. 하루에 하나의 개념만을 연습하는 방식으로 분할해도 상관없다. 그렇게 하더라도 한 달이면 경청에 필요한 모든 요소를 연습할 수 있다. 중요한 것은 끊임없는 노력이다.

연습 프로그램을 실행하는 데 어떤 동기가 필요하다면, 제대로 경청하면 시간을 벌고, 더 나아가 돈을 번다고 생각하라. 실제로도 그렇다. 내 경청 강연회에서 체계적인 방법을 배운 고객 담당 직원들은 더 이상의 실적 향상을 기대할 수 없는 상황에서도 실적이 30퍼센트가량 증가하는 결과를 보여주었다.

한 참가자는 경청에 관련해 배운 모든 지식을, 실의와 좌절에 빠진, 자신이 다니고 있는 회사의 대표의 말을 듣는 데에 적용했다. 대표의 곤경을 귀담아들어 주고 이해하는 모습을 보여준 덕분에 그는 월급이 150유로나 인상되는 보상을 받았다며, "경청을 배우느라 들인 강습료를 벌써 돌려받은 셈입니다!"라고 나에게 자랑하듯 말했다. 또 한 참가자는 경청 연습을 통해 배운, 다른 사람의 세계관을 이해하고 포용하는 방법을 면접에서 활용한 덕분에 훨씬 나은 조건으로 이직할 수 있었다.

　그러나 우리가 타인의 말을 잘 들으려고 노력해야 할 가장 큰 이유는 경청을 통해 인간관계가 정화되고 안정되기 때문이다. 조화로운 인간관계는 행복을 위해 반드시 필요한 조건 중 하나다. 소통의 개선은 집단 행복과 세계 평화를 향해 내딛는 한 걸음이라 할 수 있다.

　모든 부모와 교사가 올바른 소통법을 배워서 아이들에게 주변 사람들과 건강하고 건전한 인간관계를 형성하는 방법을 실천적으로 보여준다면 인간적인 삶은 자연스레 복원되고 보전될 것이다.

　지금까지 이 책을 충실히 읽어준 독자 여러분에게 감사의 말을 전하고 싶다.

　항상 귀담아들으십시오!

소통의 시작은 경청

언젠가 젊은 학생들과 대화하던 중에 '소통'이 화제로 떠올랐다. 누군가 나에게 '소통'이 무엇일까요?"라고 물었다. 나는 "상대의 말을 무조건 옳다고 인정하는 것"이라며 요즘 정치권을 풍자해서 말했다. 모두가 낄낄대고 웃었다. 젊은 학생들이 이념의 차이를 떠나 내 말에 낄낄대고 웃었다는 게 무엇을 뜻할까? 그만큼 우리가 서로 소통하는 법을 모르고 있다는 뜻일 것이다.

또 언젠가 텔레비전 토론에 참석한 한 정치인이 '토론'을 '쟁爭'이라 정의하며 '싸우는 것'이라 설명했다. 그럼 말로 싸우는 것일 테니 '토론'이 '말싸움'이 되는 것일까? 이처럼 보편적인 정의(토론의 보편적인 정의는 '서로 다른 주장을 가지고 있는 사람들이 자기의 주장을 펼쳐 상대방을 설득하는 것을 목적으로 하는 행위'이다.)를 무시하고 자기만의 정의를 내세운다면 어떻게 소통이 가능하겠는가?

대체 '소통疏通'이 무엇일까? 한자어 '소疏'는 그야말로 '물이 잘 흐르게 한다'라는 뜻이다. 이 책의 표현을 빌리면, 소통은 서로 상대의 '거품'을 들락거리는 관계가 되는 상태다. 역지사지해서 상대의 마음을 이해하려고 노력할 때, 그때서야 비로소 소통이 가능한 것이다. 자기만이 옳다고 생각하는 한, 마음의 벽을 높이 쌓고 상대의 설득을 받아들이려는 마음이 없는 한 소통은 불가능하다.

영어에서 '소통'을 뜻하는 communication도 크게 다르지 않다. com-은 '함께'를 뜻하는 접두어이고, municate의 어원은 '교환하다'를 뜻하는 mutare이다. 결국 '뭔가를 서로 교환하는 것'이 소통하는 행위다. 마음의 문을 열고 상대의 말을 제대로 듣지 않으면, 올바른 교환이 가능하겠는가? 이처럼 소통이라는 단어 자체에 '상대와 하나가 된다'라는 뜻이 담겨 있다.

내 생각을 알리는 행위는 '표현'에 불과하다. 상대의 생각을 알려면, 상대가 무엇을 말하는지 들어야 한다. 상대의 표정과 억양까지 읽어내야 한다. 이런 이유에서 소통은 경청에서 시작된다고 말하는 것이다. 토론이 소통을 위한 하나의 방법이라면, 위에서 어떤 정치인이 말했듯이 토론을 '싸움'이라 생각한다면 모든 것이 뒤틀린다. 내가 기꺼이 상대의 '거품'에 들어가려는 너그러움, 또 상대를 내 '거품'에 끌어들이기 위한 논리력이 뒷받침될 때 진정한 소통이 가능하다.

어떤 의미에서 우리 사회는 양극단으로 갈라져서 소통이 불가능한 상태로 보인다. 어떻게 하면 이 병적인 현상을 치유할 수 있을까? 치열한 공부와 그에 따른 반성이 있어야 하겠지만, 그전에라도 상대의 말을 들어보겠다는 열린 마음을 가져야 할 것이다. 또한 자신의 말과 생각에 논리적

모순은 없는지 항상 되새겨보는 자세도 필요할 것이다. 이 작은 조건이라도 갖추어진다면, 모두가 원하는 소통이 조금씩 가능해지지 않을까……. 이 짤막한 책을 통해서라도 이런 사회가 하루라도 빨리 찾아오기를 기대해 본다.

충주에서
강주헌

나도 내 말을
잘 들어주는
사람이 좋다

초판 1쇄 발행 2016년 2월 3일
초판 2쇄 발행 2016년 5월 12일

지은이 | 크리스텔 프티콜랭
옮긴이 | 강주헌
펴낸이 | 한순 이희섭
펴낸곳 | (주) 도서출판 나무생각
편집 | 양미애 양예주
디자인 | 오은영
마케팅 | 박용상 이재석
출판등록 | 1999년 8월 19일 제1999-000112호
주소 | 서울특별시 마포구 월드컵로 70-4(서교동) 1F
전화 | 02) 334-3339, 3308, 3361
팩스 | 02) 334-3318
이메일 | tree3339@hanmail.net
홈페이지 | www.namubook.co.kr
트위터 ID | @namubook

ISBN 979-11-86688-30-4 03320

국립중앙도서관 출판예정도서목록(CIP)

나도 내 말을 잘 들어주는 사람이 좋다 / 지은이: 크리스텔
프티콜랭 ; 옮긴이: 강주헌. ── 서울 : 나무생각, 2016
    p. ;   cm

원표제: Savoir écouter, ça s'apprend : techniques si
mples et concrétes pour bien communiquer
원저자명: Christel Petitcollin
프랑스어 원작을 한국어로 번역
ISBN 979-11-86688-30-4 03320 : ₩13800

대화(언어)[對話]
듣기

189-KDC6
153.68-DDC23   CIP2016001086